人生100年時代

あなたの晩年をゴールデンエイジに

山口 昇
Yamaguchi Noboru

風詠社

目次

装幀　２ＤＡＹ

前書き

リンダ・グラットン教授などが著書『ライフシフト』を発表してから、人生１００年時代（１００年ライフ）がにわかに取りざたされるようになりました。

しかし、私たちシニアには、１００年ライフと私たちの人生がどのように関わるのか、はっきりとしたイメージが持てませんでした。私たちがどのくらい長生きするのかも具体的な指標がないのです。厚労省が毎年発表する平均寿命は何なのでしょうか？

私たちはどうも長生きしそうだということが分りました。そのヒントが『ライフシフト』に書いてあったのです。その内容は本文の最初で述べることにします。

今のシニアは、平均寿命からいっても体力気力からいっても、65歳や70歳までは働ける世代です。長年の社会の制度や慣習で、会社から「定年です」といわれて「私はもう少し働きたいのに」と思いながらも定年を受け入れたのです。

アメリカやイギリス、カナダ、オーストラリアでは、法律で定年制が禁じられているといいます。使用者は、雇用や労働条件に関して年齢を理由に差別することを禁じているのです。(但し、飛行機やバスなど公共交通機関の業務、警察官、消防士は例外)

被雇用者は、退職年金の満額受給年齢や老後資金の確保、今の好きな仕事を続けたいなどを自分で考慮した上で定年退職を決めるのです。体力的にも能力的にも自信があれば70歳を過ぎても働けます。これは、とても合理的な制度だといえます。

私は、日本もアメリカやイギリス並みに法改正した方がいいと思っています。今のシニアの中には、まだ働きたいと思っている人は少なくありません。少なくとも、自分の定年は自分で決めるという自由があるのは素晴らしいことです。

私たち日本のシニアは、長生きにしては早すぎる定年を迎えました。嘱託社員として継続勤務するケースもありますが、仕事の責任や内容、量は限定的です。

仕事の上では定年を迎えても人生には定年がありません。私たちは、期せずして長過ぎる老年期生活を得たことになります。今更、もとに戻ることはできませんが、この事態をチャンスに変えることはできるはずです。

幸いにも、今のシニア世代は、世界の中で最も高い貯蓄率を経験してきた世代です。近代日本史の中で、勤勉と努力を最も発揮した世代なのです。一定の貯蓄もあり節約生活にも慣れています。十分とはいえませんが年金もあります。

今は、健康長寿の時代となり、多くのシニアはいくつかの生活習慣病を抱えながらも病気をうまくコントロールして健康管理をしながら元気に生活しています。

医療の進歩とともに、恵まれた衛生環境の中で私たちシニア世代は長生きして、70歳代、80歳代をゴールデンエイジとして生きることができるのです。

私たちが、健康長寿を全うして晩年のゴールデンエイジを生きるというよろこびを体現するために、残された人生をどう生きるかを考えたいと思います。

第一章　人生１００年時代とは

人生100年時代の幕開け

近年、日本を始め世界各国の平均寿命が延びています。ロンドン・ビジネススクールのリンダ・グラットン教授らが、世界的な長寿時代を展望し新しい人間の生き方『ライフシフト』を著して世界的なベストセラーになりました。このことがきっかけになって、私たちも「人生１００年時代」をにわかに意識することになったのです。

グラットン教授は、カリフォルニア大学バークレー校などの「人間寿命データーベース」を根拠に、２００７年に生まれた日本人の半数が１０７歳（平均寿命）まで生きることを示しました。地球環境に大変動がなければあり得る話です。

厚労省発表の平均寿命は、例えば、２０１８年に生まれた赤ちゃんが平均的に生きる年齢、つまり平均余命（この場合、平均寿命）をいっています。女性が87・32歳、男性が81・25歳です。これは、私たちの平均寿命ではないのです。

これを、ピリオド平均寿命というのだそうです。恥ずかしいことですが、このことは、『ライフシフト』を読んで初めて知ったことです。因みに、厚労省が発表した2007年生まれ（現在中学生）の平均寿命は、女性85・99歳、男性79・19歳でした。107歳とは大きな差があります。

もっといえば、今のシニアで、当時の厚生省発表の1947年に生まれた女性の平均寿命は54歳、男性は50歳でした。今現在、73歳のこのシニアのほとんどは元気ですし、おそらく、皆さんの大半が90歳或いは95歳までは生きると思われます。

ピリオド平均寿命とは、簡単にいうと、赤ちゃんが生まれた年から遡及した過去（例えば100年間）の年齢ごとの死亡実績値をそのまま計算に使って、その年に生まれた赤ちゃんの半数が生き残る平均余命（寿命）を算出したものだそうです。

これから生きる赤ちゃんたちの将来寿命を、過去に生きた人たちの死亡実績値をもって推し計るというのは論理的にも成り立ちません。

生命保険会社は、このピリオド平均寿命を使って保険料率を算定しています。保険加入者は、長生きしただけ余分に保険料を支払うので、生命保険会社は儲かってどんどん都市の一等地にビルを建てました。政府も、ピリオド平均寿命を使って将来の社会保障関係費用などを計算します。実態と違う計算になりはしないかと心配です。

一方、医療と公衆衛生の進歩、社会の健康志向の向上など寿命が将来的に長くなる要素を予測して計算する平均寿命をコーホート平均寿命というそうです。

２００７年に生まれた日本人の半数が、１０７歳まで生きるとしたのはコーホート平均寿命です。どうも、コーホート平均寿命の方が信用できそうです。グラットンは、著書『ライフシフト』の中で、政府も民間もピリオド平均寿命を止めてコーホート平均寿命を使用するべきだと提言しています。

昭和38年（１９６３年）、日本の１００歳以上人口は、１５３人しかいませんでしたが、令和２年（２０２０年）９月15日には、８万４５０人に増えました。女性の最高年齢は１１７歳で男性の最高年齢は１１０歳だそうです。ということは、明治大正時代に生まれた方々が、現在も、尚、生存されているということです。今のシニアの中にも、１００歳まで生きるという時代が現実味を帯びてきました。

１９４１年に生まれた私の中学同期生（今年80歳になる）は、２０４名中37人が物故会員になりました。所在不明者を考慮しても、生存率は80％弱になります。今も元気な者が多く、おそらく、男性の半数は90歳以上、女性の半数は95歳以上生きると思われます。同期生の中には、100歳以上を生きる者も出てくるでしょう。

この状況から、初めて、私の同期生たちも100歳まで生きるかも知れないことが解かり、慌てて今後の準備をしなければならないことに気が付くのです。

1951年生まれ（今年70歳）のシニアたちはもう少し長く生きるでしょう。

平成になって、「ピンピンころり」とか「健康長寿」という言葉をよく使うようになりました。今の時代は、誰もが長生きすることになったので、折角、長生きするなら死ぬまで健康で過ごしてころりと死にたいというのです。

もちろん、自分の都合を考えているだけではありません。介護や病気で、家族や社会に迷惑をかけたくないという気持ちが込められているのです。

シニアの中には、仕事を定年でリタイアすると人生もリタイアしたと勘違いする人が大勢います。皆さんは、それだけ仕事に人生を賭けてきたのです。人生には定年がありません。仕事人生が終わっても、人生に於いてはみなひとしく生涯現役なのです。定年は、雇用と被雇用の間だけの決まりごとです。

定年のない残された人生をどう生きるか、良く生きるも悪く生きるも私たちシニアの考え方、心構え一つにあると思います。両親から授けられた生命を、天寿を全うするまで前向きに有意義に生き抜くことが私たちシニアの義務でもあるのです。

健康長寿を得た人たちには、仕事人生が終わっても輝く人生が与えられ、途中で病気になって入院生活になったり、介護生活になったり、死んでしまった人たちには晩年の輝く人生を手にすることができません。

100年ライフの『ライフシフト』

ここからは、ロンドン・ビジネススクールのリンダ・グラットン教授とアンドリュー・スコット教授の共著『ライフシフト』に基づいて述べたいと思います。

私たちシニアは、私たちの孫やひ孫がどのような時代に生きるのか？　よく生きられるのか？　そうではないのか？　とても心配です。ですから、グラットンらの著書『ライフシフト』が気になるのです。

私たちも、孫やひ孫の世代のために100年ライフの問題や課題を探り、良く生きる環境を作るために応援したり声を上げたりする責任があります。その責任を果たしながら、私たちシニアもいい人生を生きなければなりません。

グラットンが指摘したように、日本人の平均寿命が100歳を超える時代は、私たちが思っているより早く到来しそうです。この『ライフシフト』は、私たちに新しい時代を気付かせてくれたという意味で画期的な著書です。

長く生きることによって、新しい人生ステージと新しい人生のシナリオが生まれることを三人三様の人物を登場させて説明しています。

1945年生まれのシニア世代のジャックと、その子供世代の人生を送る1971年生まれのジミー、そしてジャックの孫世代1998年生まれのジェーンです。

ジャックは、私たちと同じシニアなので（教育→仕事→引退）という3ステージの人生を送ります。ジミーの時代はもっと長生きするので、経験を活かして他の会社でもう少し働く3・5ステージか、新しいスキル（能力）を習得して他の仕事に転職する4・0ステージの人生を選択することになります。

若いジェーンの人生の選択肢は多く、マルチステージになります。4・0ステージもあり、5・0ステージもあり、ポートフォリオワーカー（複数の仕事＝複業で稼ぐ人）もあり、インデペンデント・プロデューサー（起業家）への道もあって様々です。勿論、ジャックやジミーの世代にも起業家はいます。

最近、テレビや新聞などで取り上げられて話題になっていますが、日本でも、勤労者の副業・兼業が増えています。それで、厚労省が「副業・兼業の促進に関するガイドライン」を出しました。今までは、余った時間をアルバイト的に使うのが主流でしたが、これからは、高スキルなポートフォリオワーカーも出現するでしょう。どの企業も、優秀な人材が不足しているからです。最近では、優秀な人材の流出を引き留めるためにも兼業を容認する企業が増えているそうです。

昭和の時代は、どの会社の就業規則にも「副業・兼業の禁止」が掲げられていました。平成になって、就業規則の「副業・兼業の禁止」の項目は削られました。いくつかの裁判で「労働者の時間外活動は自由」との判例が出されたためです。

令和になって、社員の副業・兼業を容認する会社が約30％になりましたが、70％の会社は未だにこれを容認していません。会社組織は、複雑になる社員の副業を含めた労務管理を嫌うからです。

政府は、労働需給がひっ迫することを見越して、令和2年7月17日、「経済財政運営と改革の基本方針」や「成長戦略実行計画」の中に副業・兼業を促進し拡大する対策を盛り込みました。企業の労務管理上の責任を免除することで、企業の副業・兼業への抵抗の逃げ道を塞ごうという訳です。

令和2年9月21日の朝日新聞の一面に、「副業人材　大手が照準　社外の最新知識を」の大見出しが躍っていました。—副業として働いてくれる人を求めます—大手企業で人材を募る動きが広がっている—の書き出しから、社会面にも解説記事が載せられるという扱いです。副業人材の主な募集企業には、ヤフー、ユニリーバ・ジャパン、ライオン、ダイハツ工業、ヤマハ発動機、三菱地所が並んでいました。

この記事の数日前から、朝日新聞は「ついにきた副業時代」シリーズを連載していました。自分の特技を活用してネットで副業にしたり、副業の収入が本業の収入を超えるようになった人もいたり、所謂、ネットでの起業が窺える例もありました。

一方で、大企業の副業募集では、募集人員に対して何十倍、何百倍もの応募があったことを報告しています。高収入の副業獲得には競争の激しさがありました。

その後、10月10日の朝日デジタルでは、ANAが、勤務時間外の時間を活用して他企業との雇用契約を容認するとの記事が配信されました。航空業界では初めてだそうです。この勢いでは、副業の波はますます高まることは間違いないでしょう。日本にも、高スキルなポートフォリオワーカーが活躍するという時代になりました。

若いジェーンは、働く期間が長い（例えば80歳〜85歳）ので、50代、60代になって、次のステージに進むためには新しいスキルやテクノロジーを新たに学んだり、高学歴グループに交わり有用な知見を得たりする必要があります。しかも、年々、テクノロジーが進歩して仕事をこなすために高いスキルが要求されます。

ジェーンの時代には、仕事の機械化が進み中スキルの仕事は消失しているといいます。年をとったからといって、仕事のレベルを下げて収入が少なくなることを覚悟して中スキルの仕事に移ることも難しいのです。

ここまでの『ライフステージ』の内容では、長生きするのも大変だというのが実感です。私たちの孫たちが、そんなに長く緊張を要する人生を全うできるのか？　もし、私なら、50歳を過ぎてから新しいスキルやテクノロジーを学ぶことには自信がありません。よほど、優秀か頑張り屋でなければ生きられない時代なのでしょうか？

100年ライフお金の問題

『ライフシフト』では、３人のモデルの引退後の生活資金を貯蓄するというシナリオを描いています。引退後の生活費は、最終所得の50％が必要だとの設定です。引退後の人生を逆算して、引退後生活年数×最終の年間所得×０・５で計算します。

欧米でも公的年金制度や企業年金制度があります。ジャックの時代は、恵まれた公的年金と企業年金があったので個人の蓄えは最終所得の20％でよかったのです。

先進国の多くは、公的年金が賦課方式（世代間扶養と呼ばれる制度）で運営されています。この賦課方式のために、出生率が低下している先進国ではこれまでの公的年金支給が先細りの運命にあります。加えて、リーマンショック以降企業年金運用も厳しい時代となり、企業年金制度を設けている企業数が激減しました。

当初の日本の厚生年金制度は積立方式でした。当時、将来のための莫大な公的年金保険料の積立金を、政治家と厚生省、社会保険庁の役人たちが好きなように無駄使いしたのです。更に、政府は、自らの不正を隠蔽し、積立金を勝手に使えるように年金制度を積立方式から賦課方式に切り変えました。このような不正義が起きなかったら、今の日本の公的年金制度はもっと恵まれた制度になっていたはずです。

現在の厚生年金受給額モデルは所得代替率約60％で月額約22万円です。これは、モデルであって、実際の支給額は平成29年３月現在の平均月額で14・５万円です。所得代替率60％というのは、現役世代（20歳〜60歳）の平均手取収入の60％のことです。これは、最終所得の50％よりはかなり低くなります。厚労省の発表では、２０４７年の所得代替え率は50％になるだろうと予測しています。

平成31年６月３日、政府金融審議会が「人生１００年時代の高齢者夫婦の老後生活費には、２０００万円が不足する」との報告書を発表しました。この時は、参議院選挙の直前だったので、自民党がイメージ悪化を恐れてドタバタ騒ぎになりました。

勿論、国民は、現在の厚生年金制度では、引退後の生活費を賄いきれないだろうと考えています。本当に２０００万円の不足で済むかどうかも怪しいものです。

ジミーの時代になると、年金改定が進められ公的年金は大幅に減少します。同時に、企業年金の恩恵も受けられません。引退後の生活費を貯蓄するには、引退時期を延期するしかありません。70歳代前半まで働く必要があります。

１００歳まで生きるジェーンの時代になると、80歳を過ぎても働かなくてはなりません。一方で、長い現役人生の間には、劣化した知識やスキルや人脈を更新しなければなりませんし、リラックスして楽しむレクリエーションの時間を自己啓発のリ・クリエーションの時間に変えなければなりません。グラットンは、そのように、緊張を維持してノンストップで働き続けることができるかと心配を表明します。

ここで登場するのが結婚です。ジャックとジミーの人生は、あたかも生涯を独身ですごすという設定でした。話を説明しやすくするためにモデルの設定を簡略化したのです。グラットンは、「結婚は規模の経済効果が働く」といっています。

私たちの時代も、先輩から「1人では食えなくても2人なら食える」と結婚を勧められたものです。2人で働けば、収入も増えるし、お互いの生活も補完できるし、人生にゆとりの時間もできます。結婚は人生の自然な形なのです。（ただし、私たちの世代は、専業主婦が主流で奥さんが働くという時代ではありませんでしたが）

結婚に付きものなのが離婚問題です。厚労省の調査では、日本の離婚率は先進諸国の中では低い方です。その中でも、近年は、若年離婚が多いことが問題になっています。離婚夫婦の妻が30代〜40代が多いのです。その中で、34歳までの離婚が半数を占めます。若年離婚で未成年の子供がいる割合は58％にもなるそうです。

日本では、従来から離婚による1人親の貧困が社会問題になっていました。格差社会や教育問題です。離婚相手が養育費を払わずに責任放棄するケースが後を絶たないのです。厚労省の調査では、養育費の支払い率は2割を切っていて、支払っている者も次第に減額するか未払いになるケースが多いということです。

ようやく、令和2年4月1日、養育費の逃げ得を阻止する改正民事執行法が施行されました。この法律を活用するには、離婚する際に「執行認諾文言付公正証書」を取り交わしておく必要があります。離婚の際に弁護士などを通して手続きをします。子供の養育費を払わない無責任な人間を決して許さない社会にしなければなりません。

離婚の後には、再婚問題があります。再婚の時は、本人同士の婚姻届だけを出してしまうことが多いといいます。問題は、再婚したどちらかが死亡したときに起きます。

夫が死亡した場合は、未亡人と夫の子供だけが相続権を得ます。未亡人の子供には相続権はありません。反対に、妻が死亡した場合、妻の遺産は、残された夫と妻の子供だけが相続権を得ます。同じく、夫の子供は相続権がありません。

多くの場合、未亡人が死亡すると未亡人の子供だけが相続権を得るのでトラブルになります。未亡人は、夫の厚生年金も遺族年金として受け継ぎますし、夫の2分の1の財産を相続しているので結構な資産家であることが多いのです。この場合、亡くなった夫の子供には相続権はありません。元夫の子供が納得しないことが多いのです。

　再婚する時には、双方の子供との養子縁組手続きをしておかないとこのようなことが起きるので注意が必要です。今、私の知人がこのことでもめているのです。

『ライフシフト』では、引退後の生活資金では問題がない場合でも、病気になった時の医療費や介護費用が大きな負担になるという問題を指摘しています。これは、欧米など医療費負担の高い先進国の例で日本とは事情が違います。日本の場合は、恵まれた医療保険制度と介護保険制度があります。

　日本の医療・介護保険制度の恩恵は、シニア世代にとって計り知れないものがあります。安心を背景に健康長寿の養生をするのと、お金の心配という恐怖を背負って養生するのとでは気持ちの上で大きな差があります。

100年ライフと貧困問題

　100年ライフは、多くの庶民には長くて苦しい時代になりそうです。

『ライフシフト』では、殆ど、高学歴人物のライフシナリオが語られていて、中低学歴人物の登場がありません。高学歴者の収入は、中低学歴者の収入よりも高いことは明らかです。日本の大学短大進学率は60％台で世界106か国の中では40位前後で推移しています。先進国の中では断然低いレベルにあります。1位は韓国で98％台、2位は米国で94％台、3位はフィンランドで93％台です。（ユネスコ資料）

100年ライフは、働く人たちにもグローバルな時代です。今では、日本国内で欧米人、中国人、インド人などのIT関係を始めとした優秀な高学歴人材が数多く働いています。今後は、もっと多くの外国人人材が日本で働くことになるでしょう。

グラットンは、100年ライフを恩恵あるものとして手にすることができるのは所得上位25％の層、特に専門職と技術職の人たちだといっています。25％の中には外国人雇用者も含まれます。100年ライフの恩恵を受けられる日本人は、果たして何％になるのでしょうか？　しかも、100年ライフでは、中スキル職業の空洞化、つまり、機械化や人工知能の発達によって中スキルの仕事が消失するというのです。ランクを下げて働こうとしても仕事が見つからないかも知れないのです。

このまま行くと、「企業は栄えて国滅ぶ」ことにもなりかねません。今のままでは、将来、高収入の仕事に就ける日本人が減ってしまうからです。能力のある若者、意欲のある若者には、令和2年に導入された福祉的な奨学政策に加えて、本当の意味での高等教育無償化政策がなくてはなりません。高等教育の無償化は日本の将来を左右する重大な政治問題です。今こそ、次世代の若者たちのために、シニアが率先して声を上げ、国民全てが声を大にして叫ばなければ手遅れになりかねません。

低所得層には、つらくて長い１００年ライフになるかも知れません。若者の皆さんは、１００年ライフとはこのように優勝劣敗の厳しい時代だということを認識しなければなりません。幸いにも、人生が長くなるので途中でやり直す機会もあります。どんな時もあきらめずに、勤勉と努力で人生を懸命に生きて欲しいと願うしかありません。

十数年後までには、北欧並みの高等教育無償化時代がやってくるはずです。そうでなければ、格差が拡大し国内に混乱がおきて治安の悪化とともに国政が破綻します。

何らかの事情で、高学歴を修められなかった若者の生き方を考えなければなりません。先ずは、やり直すことです。大学か専門学校に通って、やりたい仕事の資格を取得することです。昔から「手に職をつける」といいます。学校に通ってやりたい仕事の資格を取って、10年間真面目に頑張って技術を磨いたら所得も上がるし、場合によっては独立して起業することもできます。

起業するには人脈が財産です。あなたが起業するまでに、世間は、あなたが如何に誠実に勤勉に努力してきたかを見ています。それが信用です。人生は、誰でも、諦めずに粘り強く努力すれば人並みな幸せをつかむことができるのです。

100年ライフの多世代同居時代

グラットンは、『ライフシフト』の中で、長寿化が進めば多世代同居が進むと述べています。100年ライフの時代では、四世代家族もあるのです。高齢者には、子供の面倒を見たり家事の手助けをしたりして家族に貢献するという役割とやりがいが生まれます。家屋の維持費や食費など生活費の節約にもなります。

家族が多ければ、高齢者の介護も分担しやすくなり、近い将来、行き詰まりが懸念されている介護問題に変革をもたらすかも知れません。家族の絆を取り戻して、古き良き時代の家族内協力の伝統を取り戻す良い機会にもなります。富裕層は別にして、中流以下の家庭では、生活を守る大きな手段になる可能性があります。

新型コロナ禍によって、急速にテレワークが普及しました。

エネチェンジ株式会社という大手町にオフィスのある会社が、テレビのインタビューで「新型コロナ緊急事態宣言で、テレワークを余儀なくしたところ何の支障もなく業務を遂行できることが解かり、オフィスを縮小することになった」と述べていました。

東京丸の内の弁護士50人以上が所属する大手法律事務所でも、やはり、新型コロナ緊急事態宣言後、ほとんどテレワークで何の問題もなかったことが分り、顧問客先や新規相談客用の多くの会議室を縮小することを検討しているそうです。会議室のスペースだけで、年間1億5千万円もの家賃を支払っていたのだそうです。

新型コロナ渦で、テレワークという壮大な実験が行われたのです。日本の経済は、新型コロナ渦で大変大きな打撃を受けましたが、その結果、都心の割高なオフィスを縮小して経営効率の大幅な改善をはかることが可能になりました。

一方で、その空いた都心のオフィスには、あっという間にスモールオフィス賃貸業者が入り込み、この分野で活発な事業展開をしているそうです。スモールオフィスの旺盛な需要も、テレワークがあってこそのことです。彼らにとっては、本社所在地が都心にあることが大きなメリットになります。

更に、今、最も心配される30年以内に70％の確率で起きるという「首都直下型地震」があります。誰も、人口が密集する都心のオフィスで災害に遭いたくありません。津波が起きる可能性もあります。首都の大災害に備えて比較的安全な郊外で仕事を続けられればそれに越したことはありません。

勤労者は、健康と子育て環境に適した都市周辺の地域で暮らしながら在宅業務ができるという時代になりました。グラットンのいう長寿時代の進行に加えて、テレワークの普及が多世代同居時代を後押しするかも知れません。

多世代同居は、１００年ライフの貧困問題をも解決して、豊かな地方生活を実現する可能性があります。都心から2時間も離れた地方では、割安な価格で広い土地付き住宅が手に入ります。場合によっては自治体の町おこし支援もあります。

少し広い土地で、家庭菜園をしたりニワトリや山羊などの家畜を育てながら、乳しぼりをしたりチーズやマヨネーズを作ったり家庭酪農を楽しみながら、多世代の半自給自足生活をすることもできます。自然と共生しながら、ちょっと贅沢な生活ができるかも知れません。但し、地方の生活では野生動物への注意が必要です。

自然環境の変化と里山の放置などで、地方の民家は、シカやサル、クマ、イノシシなどの野生動物による被害が多発する時代になりました。折角の家庭菜園が野生動物に荒らされたり、場所によっては、クマやイノシシなどの人的被害も起きたりしています。よく調査して、野生動物の被害のない場所を選ぶ必要があります。

地方の自治体は、今まで、地方再生に懸命に取り組んできました。テレワークの流れが、これまでの都市集中型の社会を大きく変える可能性があります。多くの地方自治体は、子育てや住宅費の補助、リモートワークの環境整備、コミュニティー活動で若者世代の交流を支援するなど魅力的な施策を打ち出して積極的に若い世代の移住に取り組んでいます。これまで以上に若い世代の地方移住が進むことが期待されます。

グラットンも指摘していますが、多世代同居にはプライバシーの問題があります。100年ライフでは、100歳が当たり前の時代になるので年長者と若い世代とのかかわり方にも変化が起きるでしょう。将来にわたり嫁姑の問題もあると思われます。このような問題をどのように解決するか？　幸いにも、日本では二世帯住宅という生活様式が根付いています。これからは、三世代住宅が普及するかも知れません。

子供のころ、私の家の近くに子供が8人（女6人と男2人）の家族がありました。子供たちは、結婚すると実家の近くに新居を建てました。親がそうさせたのかも知れません。結果的に、実家の周りに同族集落（近居住宅）ができました。

私は、このことから三世代住宅でなくても、三世代近居住宅もあるのではないかと思いました。近居生活は、同居生活よりもプライバシーが守られますし、何か必要が起きた場合でも迅速な対応ができるので理想的な生活様式だと思います。

多世代同居（近居）の生活様式は、１００年ライフの大きなメリットになるかも知れません。家族間の様々な問題を解決するため、家族間コミュニケーションが活発になって１人ひとりのコミュニケーション能力の向上が期待できます。ひいては、社会全体のコミュニケーション能力の向上につながる可能性があります。

グラットンの１００年ライフは、長生きする人間にとって、必ずしも暮らしやすい時代ではないことも示しました。そして、１００年ライフには、人だけでなく政治も教育機関も企業も時代に対応し変革しなければならないことを提言したのです。

しかし、その変革が遅いことも指摘しています。周りの変革を待つのではなく、時代をいち早く認識して新しい時代に対応する準備が必要だと提言しています。

『ライフシフト』を読み終えて

『ライフシフト』は、正しい尺度で私たちの寿命を予測するきっかけを与えてくれました。私たちは、思ったより長生きしそうだと解かり、改めてシニア人生を考えてみることになったのです。私たち健康長寿時代のシニアに、人生の晩年をいきいきと生きる覚悟を後押ししてくれたともいえます。

『ライフシフト』を読んだ感想としては、問題を浮き彫りにするあまりに社会モデルとケーススタディーを単純化し過ぎたため、リアリティーに欠ける説明になったと感じています。しかも、怜悧さが際立ってファジーな未来があまり感じられませんでした。

とはいえ、それまでの閉そく感ただよう日本の社会に、問題を整理したうえで改めて新たな問題提起をして、私たちに多くの示唆を与えてくれました。これらの問題にどのように応えるかは、私たちと若い世代すべての日本人の力量にかかっています。

私は、100年ライフはグラットンがモデル化した単純な社会ではなく（もちろん、グラットンは百も承知の上ですが）、もっと、多様性に富んだ社会になると思っています。今までも、人々は多様性のある生活を求めて多様性に富んだ社会を作り上げてきました。これからもこのことに変わりはありません。

私の50年未来予測

日本は、明治以来、西洋の文化と文物、技術を吸収して成長してきました。次の世代では、伝統の芸術や芸能、技能などの価値を再発見し、嗜好や趣味、精神的な領域で全く新しい文化とそれらに関連した多くの需要が生まれて、人々がいきいきと働く新しいフィールドが数多く生まれていると想像します。

しかも、グラットンが考えている以上に、様々な分野で独立起業家が生まれる時代になっていると予測します。現在でも、大企業の雇用は30％に過ぎないのです。独立起業家とクラウドファンディングが結びついて一大経済勢力をつくっている可能性がありま す。彼らは社会の多様性を吸い上げ、様々なビジネスを作り出し新しい時代の変革の主役になっています。当然、そこには多くの雇用が生まれることになります。

50年後の日本は、先進国としてバランスの取れた成熟した社会になっていて、国民1人ひとりが、価値観、人生観など精神性を優先する社会になっています。国際的には、地球を破滅から守るために世界の調和が最も重要な問題であり、資本主義経済が永久に成長するなどという考えは誰も持たなくなっています。

トランプ大統領は、アメリカ史上最も粗野な大統領としてその名を残しましたが、彼が掲げた自国第一主義（ある意味で反グローバル経済主義）は、その後の政権にも影響を及ぼすことになります。つまり、アメリカは、行き過ぎたグローバル経済主義の反省から、環境問題をはじめ、労働者の雇用問題や賃金問題に取り組む必要に迫られるのです。その結果、修正グローバル経済主義へと政策を変更せざるを得なくなります。世界の潮流も、グローバル経済主義の修正に向かうことになります。

輸出入産品の国際的な価格競争によって、失業問題と労働者賃金の際限のない低下、これに伴う貧困・格差問題と国内消費の低迷が問題になっていました。これら国家の存立を脅かす重要な問題には、グローバル経済の制限により、雇用や労働者賃金と国内消費の回復がはかられ、各国の国内政治に安定を取り戻しています。

生産物の多国間移動による温室効果ガス問題には、一定の割合で国際間移動を制限する国際条約が締結され、国際的協調による環境改善が進んでいます。

日本の人口減少問題も、経済は縮小しますが、結果的にはバランスの取れた生産と消費によって、環境問題と生活の安定を重視した持続可能で豊かな日本に生まれ変わっています。世界の先進国も、日本の新しい国家運営をモデルに持続可能性を優先した国造りへと舵を切ることになります。

２０１２年6月20日、リオ・デ・ジャネイロで国連の「持続可能な開発会議」が開催され、自然と調和した人間社会の発展や貧困問題が話し合われました。その日、各国の首脳による型どおりのスピーチが行われ、最後に演台に立ったのは世界一貧しい大統領といわれたウルグアイ第40代大統領ホセ・ムヒカでした。

ムヒカは、この時のスピーチで世界が如何にあるべきかを訴えました。市場経済主義とグローバル経済主義に警鐘を鳴らしたのです。「ドイツ人が一世帯で持つ車と同じ数の車をインド人が持てばこの惑星はどうなるのでしょうか？　息をするための酸素がどのくらい残るのでしょうか？　これは紛れもなく政治問題です」と訴えました。

リオにおける国連の「持続可能な開発会議」とは、先進国が、環境問題を議論しながらも、新しい市場を求めてあくなき経済発展を目論む以外の何物でもありませんでした。ムヒカはさらに続けます。「貧乏な人とは、少ししかものを持っていない人ではなく、無限の欲があり、いくらあっても満足しない人のことです。改めて見直さなければならないのは私たちの生活スタイルです」と訴えました。リオの「持続可能な開発会議」から50年後、世界の人々がこのスピーチを大きく再評価しました。

（ムヒカ元大統領のスピーチ日本語訳・打村明氏）

２０１８年夏、当事15歳だったスエーデンの少女グレタ・トゥーンベリが始めた気候変動への活動「Fridays for Future」がヨーロッパから世界に広がりました。「Fridays for Future」は、行き過ぎたグローバリゼーションの修正にも大きく影響します。彼らの活動は、世界で長く老人が権力を握る保守政治に阻まれました。しかし、そのとき若者だったグレタ世代が世界の政治を担う時代になって花開くことになるのです。

子々孫々に伝えたいことがあります。１００年ライフがどんな時代になっても、勤勉と努力を怠らなければ、必ず人並みで幸せな人生を手にすることができます。人波みがいいのです。欲をかいては全てを失うということを忘れてはいけません。

そして、思う存分働いたあとは、晩年のゴールデンエイジが待っています。この事だけは、いつの時代も変わりません。

第二章　人生のゴールデンエイジ

晩年も輝く人生を

人生１００年時代、私たちは、長生きすることになりましたが早々と定年を迎えました。私たちシニアは、心に青春を残したまま定年を迎えてしまったので、新しいシニアライフを考えなければなりません。人間は、健康でさえあればいくつになっても高みを目指して生きることができます。この健康長寿の時代、天寿を全うするまで前向きに一生懸命生きるのが私たちシニアの義務です。

今、80歳を超えた俳優や音楽家、歌手たちが元気に活躍しています。岸恵子さんや草笛光子さんは、とても80代とは思えない活力と魅力を感じます。室井摩耶子さん、渡辺貞夫さん、菅原洋一さん、北島三郎さんたちは、現在も、意欲的なステージ活動を続けていますし、黒柳徹子さんは、相変わらずの活舌で活躍しています。シニアの皆さんが、こんなに元気に活躍している姿を見ると私たちも元気になります。

皆さん、健康と体力づくりには大変な努力をされていると思います。努力の結果が、あの活力と魅力を引き出しているのではないでしょうか？　皆さんは、若い時代から活躍されていますが、このお年になっても輝きは衰えていません。まさに生涯現役人生のゴールデンエイジを演じているのです。一生（一所）懸命という言葉がありますが、一生、一つのことに命を懸けるなんてすばらしい人生ではありませんか！

１００歳を超えても現代美術の創作やエッセイを発表している篠田桃紅さんや、99歳で現役の売れっ子ピアニスト室井摩耶子さんなどは、その存在だけで尊敬に値します。お2人のことをもっと知りたいと思いお2人の本を読んでみました。

篠田桃紅さんの深い教養と自然体の生き方に魅せられながら、『一〇三歳になってわかったこと』『一〇五歳、死ねないのも困るのよ』を読みました。「一つなにか自分が夢中になれるものを持つと、生きていて、人は救われる」、「この程度で私はちょうどいいと思えることが一番いい」、「体が丈夫なうちは、自分がやりたいことをどんどんやること」などという言葉は、私たちに勇気を与えてくれます。「これくらいが自分の人生にちょうど良かったと満足することができる人が幸せ」の言葉には全く同感です。

『一〇五歳、死ねないのも困るのよ』は、生涯現役人生の中でゴールデンエイジの最終章を楽しんでいるようにも思えるエッセイでした。

室井摩耶子さんの本では、90歳を前にして新居を建築したというお話には驚きました。新築に当っては2階を寝室にしたので、設計士さんが気を使ってエレベーターを設置しましたが、このエレベーターはめったに使っていないと仰っています。先日のテレビ番組、「徹子の部屋」でも元気な室井さんが出演していました。

室井さんは、ピアノタッチの極意を「宮本武蔵の蠅掴み」と表現しています。腕の力を抜いて指を操作するのだそうです。要は、力まないことが極意だということです。

食生活は、「肉食女子」を貫いていて健康のために何かをすることもなくサプリも使っていないそうです。肉が室井さんのパワーのみなもとだと仰っています。毎日、欠かさずピアノの練習をすることが室井さんの健康法なのです。

ところで、室井さんは、昭和30年に公開された「ここに泉あり」という映画で岸恵子さんと共演したことがあったそうです。ピアニストの代役ではなく、スクリーンに登場する人生たった一度の映画出演だったそうです。

古くは、西行法師（享年73歳）や兼好法師（享年70~75歳）は長く生きて晩年まで活躍しました。当時の70歳は、今の何歳に当たるのでしょうか？

西行法師は、死の4年前に、東大寺再建の勧進を奥州藤原氏に行うため京都から奥州（岩手県）に下っています。その帰途には鎌倉に寄り、源頼朝と歌道や武道について の会話もしているのです。兼好法師（卜部兼好）は、晩年になって、不朽の名作『徒然草』を起草しました。お2人とも、隠遁生活者とは思えない活動的な生涯現役人生を貫いて、晩年に輝かしいゴールデンエイジを過ごしました。

戦国大名の北条早雲（伊勢新九郎）は、合戦で亡くなった駿河の守護大名今川義忠と妹北川殿の嫡子龍王丸を保護するために駿河に下り、56歳の時に、駿河今川家の相続をねらう今川新五郎範満を討ち果たし、突如、歴史の表舞台に現れました。

早雲は、今川氏親（幼名龍王丸）を義忠の後継者として守護大名に擁立することに大きく貢献したのです。しかし、早雲は今川家の重臣に列することを辞退して東駿河の興国寺城という小領地を拝領します。今川家を東国の脅威から守るという役割を自ら進んで選んだのです。早雲は、興国寺城主となってからは、伊豆の支配者（堀越公方）の内紛に乗じて伊豆一国と三浦氏が支配する三浦半島を取り、財政基盤を整えながら今川家を寄騎して支えます。そして着々と戦略をもって小田原を手中に収め、その後も、今川家を支えながら善政（四公六民の租税）を敷いて民百姓の信頼と地侍の人心掌握を得て、西相模・相模を平定し戦国大名として後北条氏五代の礎を築きました。

早雲は、88歳の生涯を閉じるまで高みを目指したのです。偉大なる先人たちの晩年のゴールデンエイジを想像するだけでも、私たちにとっては胸躍るロマンです。

貝原益軒は、「人生は五十にならないと古今にうとく人生の道理も楽しみも知らない。長生きすれば、楽しみ多く益が多い」と述べています。五十をこえて寿の世界にまで生きなさいといっています。今でいえば、80歳以上の寿の世界に入らなければ、本当の人生の楽しみを知ることはできないといっているのです。

現代シニアのゴールデンエイジ

スーパースターではない私たちシニアにもゴールデンエイジはあります。

先ず、ゴールデンエイジとは、直訳すれば「黄金時代」「最盛期」ですが、アメリカでは「老年期」のことをいうそうです。若い時期に一生懸命働いたからこそのゴールデンエイジなのです。英和辞典で調べてみますと「中年以降の人生」となっています。日本では、色々な分野で才能が最も伸びる幼年期のことにも使っています。

ここでは、言葉のイメージ通り、黄金時代と考えたいと思います。

次に、シニアとは何歳からでしょうか？　調べても、シニアの定義はありません。以前は、60歳を過ぎるとシニアだと思われていましたが、平均寿命の延びとともに、今では、70歳以上がシニアと呼ばれるのに相応しい年齢だと考えます。

さて、本書の「あなたの晩年をゴールデンエイジに」の晩年とは何歳のことなのでしょうか？　昔から、東洋の占いの世界には晩年運という運気があって、晩年は60歳からといわれていました。ここでも、平均寿命の伸びとともに70歳からを晩年と考えたいと思います。つまり、晩年はシニアの年代だということになります。

私たち庶民のゴールデンエイジとは、どのような人生をいうのでしょうか？

先ずは、健康に関心があり、健康のための努力をしていることが条件です。つまり、適切な「養生」をしているかどうかです。シニアは誰しも、生活習慣病などいくつかの病気を抱えています。病気を適切にコントロールしながら、健康トレーニングなどに取り組んで前向きな生活をしているのがゴールデンエイジの必要条件です。

そして、働き盛りになすべきことをなした後に、組織や義務から解放されて、人間として自由に何事かに魂を燃焼する。いい換えれば「挑戦するものがある。熱中するものがある。生きがいがある。楽しむことがある」という、これらの何れか一つでも二つでも生活の中で取り組んでいる70代、80代、人によっては90代のシニアの人生こそゴールデンエイジと呼ぶにふさわしいと考えます。

例えば、在来線で日本各地を旅してみたいとか、日本の温泉ベスト100を巡ってみたい、仲間を集めて読書会を立ち上げたい、新たに土地を借りて小さな農家（菜園活動）をやってみたい、吉川英治や司馬遼太郎を読み直してみたい、ランニングを強化してハーフマラソンに挑戦したい、ファミリーヒストリーを書いてみたい、随筆を書いてみたい、俳句集を著したい、囲碁将棋に強くなりたいなどいろいろあります。

或いは、社会貢献活動をしたいという人もいると思います。スーパーボランティア尾畑春夫さんとまではいかないが、地域のボランティアの会に入って地域貢献をしたい、仲間で地域のお助け隊を立ち上げ、地域包括ケアセンターともタイアップして独居高齢者の困りごと相談・支援活動をやってみたいというのもいいと思います。

今までに、やりたかったけどできなかったことに挑戦する。これからやりたいことを発見してとことん熱中してみる。今までやってきたことを引き続き生きがいにする。心に青春を持って、生活の中で何かに挑戦し、熱中し、楽しみ、生きがいにしていきいきと生きる、それが私たちシニアのゴールデンエイジだといえます。

昔、ＮＨＫテレビのドキュメンタリー番組で、定年退職後の男性が、林や草っ原で小さな虫を採集して虫の研究に夢中になっている様子を見たことがあります。その男性の姿がとても楽しそうでいきいきとしていたのを覚えています。そのＮＨＫテレビの番組名は、確か『熱中時間』だったと思います。

私の同級生で、大手製薬会社を定年退職した後も、能力を買われて新興製薬会社の社員育成に当たっていた神間君は、ハーモニカに熱中していました。ハーモニカの演奏には、大小数多くの機種があって何種類ものハーモニカを使うのだそうです。コロナ禍が終わったら、ハーモニカ談義を聞きに神間君を訪れたいと思っています。

私が参加している読書会があります。毎月第３水曜日13時～16時にさいたま市大宮で開かれます。みんなで決めた本を、当番制で決められた者が音読します。３時間、当番の者が１人で音読するので、活舌の悪い私にはかなりの重労働です。音読中に、何か疑問や補足することがあればだれでも自由に発言できます。音読中に、誰かが発言するとホッとします。その間、音読を休めるからです。

この読書会は、ある方が始めて二十数年になるそうです。私が参加するようになって5、6年が経ちました。その方が、お亡くなりになって後輩の吉田氏が世話役を受け継ぎました。この吉田氏が、実にあり難い存在なので紹介します。

今回は、渋沢栄一翁の『論語と算盤』、前回は、卜部兼好（最近、吉田姓は否定された）の『徒然草』全4巻、その前は、松尾芭蕉の『奥の細道』、宮本常一の『忘れられた日本人』・・・・・・岡倉天心の『茶の本』などが取り上げられました。

吉田氏は、いつも課題の本に関連する何冊もの本を読んでいて、誰かが質問疑問を発すると必ず適切な回答をしてくれます。時には、予めコピーの資料を用意して私たちに配布してくれます。お陰で、1冊の読書が何倍もの世界に広がるのです。吉田氏は、読書会のために関連する書籍を読んで研究するのが楽しくて仕方がないのです。

ある病院の先生は、現役引退後にカメラに目覚めました。その方の父親がカメラマニアだったそうです。父親の遺品として残っていたライカや時代物のキャノンなど何台ものカメラが逸品ぞろいだったので、調べているうちにはまってしまったそうです。作品には、今のデジタルカメラではとても表せない味わいが出るそうです。

私の友人小堀さんは、カラオケに熱中しています。今まで、カラオケはいうに及ばず人前で唄を歌ったことはなかったそうです。長年、奥さんと商売をしてきましたが突然奥さんが倒れて入院しました。奥さんの入院を機に商売を辞めたそうです。

小堀さんは82歳を過ぎてから歌の練習を始めました。声はなかなかのものですが、メロディーとテンポが合いません。親切な人がいて、歌詞付きのCDをプレゼントしたら、毎日1日に2時間以上も練習したそうです。奥さんは、入院していて家では1人なので誰はばかることなく練習し、今は、驚くほど上達しました。カラオケで歌うことが大好きな小堀さんですが、歌う時はいつも直立不動の姿勢で歌っています。

私の高校時代の親友安藤君は、大手機械メーカーの定年延長の要請を断り、中部産業連盟（当時、経済産業省所管の公益法人）所属の経営コンサルタントになりました。安藤君は、在職中にトヨタ自動車の「カイゼン」を勉強していました。コンサルタントとして、国内外メーカーの生産現場で指導に当たり、数多くの企業の生産性向上に貢献しました。彼は、前々から傘寿までは第二の現役人生を続けるといっていました。

今年は傘寿を迎えたので引退する予定です。安藤君の便りには、中部産業連盟のコンサルタントとしては最高齢、最長期間になったと書いてありました。安藤君は、社会に貢献するというゴールデンエイジを過ごしました。否、これからの人生が本当のゴールデンエイジなのかも知れません。私は、安藤君と酒を酌み交わしながらよもやま話をするのが楽しくて、名古屋に帰ったときには必ず会うようにしています。

テレビ番組で『ポツンと一軒家』という番組があります。人生やることをやって、山奥で夫婦とともに緑の木々や清流に囲まれて自給自足と趣味の生活をしていたり、次の時代に美しい公園を残したいといって、母と息子が山中に根気よく数千本の桜の苗木を植えたり、新潟県佐渡では、親子二代にわたって朱鷺の保護のため、親の代を最後に朱鷺が姿を見せなくなった山奥の水田を整備しながらえさ場を守っているという息子シニアなど、その他にも、誰もが羨む素敵なゴールデンエイジを紹介しています。

ある日、既に放映されたポツンと一軒家のその後を取材して紹介する場面がありました。佐渡朱鷺保護センターの職員がこの番組を見て、感謝の意味を込めてその水田から2羽の朱鷺を放鳥したとのことでした。朱鷺は、放鳥された場所に住み着くことが多いのだそうです。それから更に1ヶ月ほどが過ぎたころ、NHKのニュース番組の中で田んぼから9羽の朱鷺が放鳥される場面が映し出されていました。紹介されたその笑顔の主は、ポツンと一軒家で見た親子二代の息子シニアでした。

私は、70歳を過ぎてから始めた文章を書くこと、つまり、思い出やその時々の出来事や興味を覚えたことなどを書いて、エッセイ集みたいな『私の人生雑記帳』に文章を書きためるのが楽しい生活の一部になっています。

エッセイは、自分の気持ちを正直に表現できるので書くこと自体がストレス解消になります。そのときの考えや想いをうまく文章に表現できない場合もありますが、納得のいく表現で文章にできたときは晴れやかな気持ちになります。

エッセイを書くこと以外では、1泊、2泊ほどの短期旅行を3か月に一度はしてみたいと思っています。兼好法師の時代は、京都近郊への短期旅行が流行っていたということが徒然草の中で述べられています。当時は、徒歩の旅でしたから、旅行の楽しみ方も今とは違っていたと思います。今は、飛行機で何処へも行けますが、シニアには、海外旅行ではなく、国内で2、3日の旅行が疲れなくて快適だと思っています。

2018年1月に人工膝関節置換術を受けたのですが、予後が思わしくなく脚力が衰えていました。これではいけないと思い術後2年以上経ってから、毎日、3～4キロメートルのウオーキングをするようにしています。

少しずつですが、脚力が向上しているように思われてこれが楽しい日課になりました。夕方、冬は4時頃から、夏は5時頃から始めるのですが時間が来るのが待ち遠しいのです。こんなこともシニアの生きがいになります。

長廻紘先生

私と同い年で、消化器内科医師の長廻紘先生は、30年以上も前からI型糖尿病を抱えています。しかし、今も、エッセイを執筆しながら、各地からの依頼で月に4～5回ほどは、「生活習慣病と健康長寿」に関する講演を行って元気に活動しています。10年ほど前、私に文章を書くことを勧めてくれたのが長廻先生です。

先生は、数年前までは、毎年、スペイン・サンチャゴ巡礼の旅や熊野古道の旅に出かけていました。私も誘われるのですが、私には変形性膝関節症があるのでスペイン・サンチャゴ巡礼の旅も熊野古道の旅も経験していません。

スペイン・サンチャゴ巡礼の旅がどんなものであるか、先生が8年前に書いた文章を見つけたので、先生の許可を頂いて要約したものを紹介したいと思います。

『5年連続してスペイン・サンチャゴ巡礼をおこなった。サンチャゴ巡礼は、聖ヤコブ(サンチャゴ)の遺体が安置されているスペイン西北端ガリシア州サンチャゴを目指してヨーロッパ各地から歩きだす。西仏国境のピレネー山脈のふもとで一本の道（フランス人の道）に合流する。ゴールであるサンチャゴの天たかく堂々とした大聖堂を目にすると、それまでの苦労を忘れ、理屈抜きで来てよかったとの感を深くし、近くにいる人同士で抱き合って喜びあう。

巡礼路にはアルベルゲという巡礼者のための安い宿が整備されていて、歩行者なら誰でも泊めてくれる。広い部屋に2段ベッドがずらりと並んでいて、先着順にベッドを確保してゆく。他人より遅く着くとあぶれる。毎日2、30キロメートル歩くが、やっと目的地まで着いて宿が満員の時はつらい。スペイン語でコンプレトと言われると、どっと疲れが押し寄せる。野宿するわけにもいかないので、数キロメートル、時には10キロメートルほど先の宿まで また歩く。宿の予約は認められないので、そことて空いている保証はない。持参の寝袋で寝るのだが前の日、誰が寝たか分からないベッドだから抵抗を感じる人もあるだろう。南京虫には悩まされる。虫に刺されて首の周りに沢山水ぶくれをつくってしまった人をよく見かける。痒くて眠れない夜をいくどか経験した。つらいことは多いが、5年も続けたのだから補って余りあるなにかがある。慣れない地で未知の人たちと共に来る日も来る日もただ歩く。巡礼で歩く距離（８００キロメートル）

は長いといっても、毎日歩いていれば成就する。すなわち無目的の苦労を重ね、その先に何かがあるかもしれないという淡い期待がある』中略・後略

私には、とてもできない苦しい旅だということが解かりました。

先生は、今でも、天気の良い日には毎日のように高尾山を登ったり、井之頭公園でウオーキングをしたりしています。本当に、良く歩きます。只々、歩くことによって糖尿病を克服しているのです。先生は、以前、自分には糖尿病があるので70歳まで生きれば上々だといっていましたが、今年は傘寿です。

先生は、50歳を過ぎて東京女子医大教授、群馬がんセンター病院長を歴任しましたが、いつも気負うことなくマイペースで過ごしました。それまでに、若くしてやるべき仕事をやり遂げたという自負心があったからです。医者の世界では若手といわれる中年期には既に世界の長廻といわれ、大腸内視鏡診断学の進歩と発展に貢献しました。

先生の現役時代、大学の研究室には国内外から多くの研究生が集まっていました。その研究生たちが、今、各地で立派な指導者になっているのです。数年前までは、そのお弟子さんたちを訪ねることが楽しみで、よく、国内外に出かけていました。そして、今は、講演と執筆に忙しい中にもマイペースで穏やかな日々を送っています。

シニア世代の責任

私たちシニア世代は、戦後の高度経済成長を支えてきたと同時に、先輩たちとともに敗戦国日本を先進国へと押し上げた世代なのだという自負心を持っています。みんな、本当によく働いて勤勉と努力を発揮しました。

しかし、今、振り返ってみると、子供時代の食糧難時代を除けば、飲まず食わずの苦労をしたとか、歯を食いしばって何かに耐えて頑張ってきたというような悲壮な思い出はありません。当時の日本人は、みんながいきいきとして明るく働いていた記憶しかないのです。みんなが同じように貧乏だったので自分の貧乏を悲惨だと思う必要もなく、みんな前を向いて「明日の日本」を夢見て働いたのです。

私たちは、戦後復興期という良い時代に巡り合ったのかも知れません。もっと早く生まれていたら、戦場で負傷したり戦死したりしていたかも知れないのです。その意味で、私たち世代は、戦後復興期に生きたことを幸運だと思うべきかも知れません。

以前に読んだ本に「嫌老社会」について書かれた本がありました。実際に、今の社会が嫌老社会かどうか解かりませんが、嫌老社会という言葉は日本を分断する言葉です。つまり、この言葉は、子であり孫である者が親や祖父母に対峙するということです。搾取される若者階級と搾取する老人階級の階級闘争が始まるという主張です。そこには、「貧しい若者」と「豊かな老人」が背景にあるというのです。

日本は、昭和の後半には戦後復興を成し遂げて豊かな一億総中流社会になりました。敗戦後の日本人が、戦後復興を目指して一生懸命働いた結果です。

ところが、その後、バブル景気からバブル崩壊後の一連の不適切な経済政策によって失われた20年が続き、平成16年（２００４年）、第２次小泉政権下の竹中平蔵氏などの改正労働者派遣法施行によって派遣労働者の貧困と格差社会が生まれました。

貧困と格差社会は、政治が生み出したものです。我が国は、これから将来にわたってこの問題に取り組まなければならないことになります。極端な富の偏在という、アメリカのような奇形社会を作らならないためにも、政治に富の再配分と貧困を作らない基本的な人材育成のための政策を求め続ける必要があります。

令和２年４月、低所得家庭への支援策として、高等教育の就学支援制度がスタートしました。しかし、この政策は、富の再配分政策ではなく消費税の一部を財源に充てるというものです。企業や高額所得者からの増税分を財源としてはいません。

さらに、一歩踏み込んで社会に貧困を作らない政治を要求する必要があります。渋沢栄一翁は、細民救済、貧困対策に熱心に取り組みました。渋沢翁の著述の中で、「人道からも経済からも弱者を救うのは必然のことであるが、なるべく直接保護を避けて、防貧の方法を講じなければならない」と述べています。

国民が貧困に陥らないために国民1人ひとりに力をつける政策、例えば、国を挙げての人材育成政策、つまり、義務教育と高等教育の教育無償制度のような政策です。

この事を、私たちシニアが応援団となって叫び続けることが必要です。

私たちシニアは、若い世代から誤解を受けることがないように常識ある謙虚な振る舞いをすることが大切です。しかも、お互いを理解することが何より大切です。

年金受給者は、多額な年金でいい生活をしているという誤解があるようです。

若い世代から、もっと年金を減らしたらどうかという声に対しては、「日本の厚生年金受給者の平均受給月額（厚生年金＋国民年金）は14万5千円で、年金生活は決して楽ではないのですよ」と正しい情報を謙虚に提供する必要があります。

平成27年10月からは、厚生年金と公務員の共済年金が一本化されました。高額受給の共済年金を除外すれば、一般国民の平均厚生年金受給額はもっと低くなります。

昭和時代の庶民は、老後のために節約をしながら貯蓄をしてきました。戦後日本の貯蓄率は、世界の中で最も高い水準にありました。昭和45年は40・2%、昭和50年以降も30%台を維持しました。今のシニア世代は節約と貯蓄が習慣として身についています。その貯蓄を少しずつ取り崩しながら生活しているのです。

平成10年以降、日本の貯蓄率はどんどん低下して、主要国中ダントツに低水準になりました。貯蓄率の高い国は、スエーデン、ドイツ、韓国です。日本は主要国中最下位です。バブル崩壊後の日本は、先進国の中でも勤労者所得が下がり続けたからです。

この問題は、後段の「働くこと」で、再度、述べることにします。

年金受給月額が10万円以下の人たちは、日々、将来の不安とともに生きています。私の知人のお隣に住んでいた身寄りのない老婦人は、若い頃から、毎月の給与から身を削るようにして老後のためにお金を蓄えていました。そして、76歳の時に孤独死をしました。町内会の皆さんが葬儀の準備をしていると、亡くなられた方のアパートの敷き布団の下には、2千万円以上もの現金が敷き詰められていたそうです。

この老婦人は、76歳になっても先々の生活不安から節約生活を守り続け、栄養失調で亡くなられたのです。こんな悲しい話はありません。

今、年金財政が大変だといっていますが、本来なら、まだまだ余裕のある年金財政だったはずです。昭和の時代、年金制度が出来てからは、被保険者の積立支払者が圧倒的に多くて年金受給者が少なかったので、公的年金積立金がどんどん溜まりました。

本来なら、この溜まった公的年金積立金を将来の年金給付に備える積立金として管理しなければならないのに、政治家と当時の厚生省、社会保険庁の役人たちが好きなように無駄使いしたのです。それが、平成の時代まで続きました。

平成16年は、公的年金流用問題で日本が騒然となった年です。そして、莫大な公的年金積立金が消えて、平成21年には社会保険庁が廃止になって消えました。

当初の厚生年金制度は、保険料を20年間支払えば55歳から受給できる積立方式でした。政府は、積立金を勝手に無駄使いできるように積立方式から賦課方式（現在の世代間扶養と呼ばれる制度）に切り変えてしまいました。

まさに、政府が泥棒をはたらいたのです。

その上で、役人は、巨額な無駄遣いをして天下り先を熱心に作っていました。業者と癒着して汚職もしていました。政治家は、地元にグリーンピアという大規模なリゾートホテルを各所に作らせました。役所の人件費も、自分たちが楽しむゴルフ道具やマッサージ機器の購入、プロ野球観戦やミュージカル鑑賞費用までも年金保険料で支払っていたのです。無駄使いの代表ともいえるグリーンピアなどの不動産は、タダ同然で民間に払い下げられました。年金財政が大変だといっても国民は納得しません。

このことが、年金不信を呼び、政治不信を更に深めました。

戦後の日本は、民主国家になったはずでした。しかし、実際には、政府がこのように非民主的な政治を行って国民を欺く行為を続けていたのです。政治家も役人も、国民のために働くというよりは自己の都合を優先した結果です。

現在、公的年金積立金はＧＰＩＦ（年金積立金管理運用独立行政法人）が債券や株式などで運用しています。ＧＰＩＦの資産は、世界の年金資産の中でも最大規模を誇っています。現在は、基本ポートフォリオに基づいて債権と株式で運用されていますが、ＧＰＩＦの場合は、アベノミクスに利用されていてリスクの高い株式運用の比率が際立って高いのが特徴です。将来に不安が残ります。

令和２年10月23日、ヤフーニュースは、「公的マネーが大株主、東証一部市場の８割４年前から倍増」を報じていました。そこには、「東証１部上場企業の８割にあたる１

８３０社で事実上の大株主、ＧＰＩＦ36兆円、日銀31兆円の株式買い入れで東証時価総額５５０兆円の12％を占める」とありました。これは、全く異常というほかありません。健全な経済システムを破壊する何物でもありません。

それ以上に心配しなければならないのは、国民の公的年金積立金を危険にさらしているということです。今の世界は、経済リスクという暗雲に覆われています。中国の覇権主義がもたらすかも知れない第３次世界大戦、北朝鮮の暴発、ＣＯＶＩＤ19以上の凶悪ウイルスの世界的な大感染、激烈な気候変動がもたらす生活環境の激変、首都直下型大地震などです。政府がやっていることは危険な大博打といわざるを得ません。

日本の政治は、二流だとも三流だともいわれます。それは、日本人一般が政治に関心がないからです。国民が政治的に二流三流なのです。政治家や役人に一流を期待するだけでは国民の責任を果たしているとはいえません。日本の70歳以上人口は、２７９１万人もいます。シニアがもっと政治について語るべきです。そういう世の中にならなければ、日本は永久に政治的に二流三流国から抜け出せません。

政治活動をしようというのではありません。町の居酒屋でも、喫茶店でも、床屋さんでも、電車の中でも、どこででも先ずシニア同士が政治の話をするのです。政治についての意識を持つのです。現在の日本人の多くは、政治的に少しでも批判的な話になると「誰が聞いているかも分からないから」と警戒して口をつぐみます。

このような風潮から改めなければなりません。シニア世代の実績と常識をもってすれば、政治批判も立派な政治論議です。但し、我田引水的な議論は無用です。純粋に「日本のため」「将来を背負って立つ若者のため」の議論でなければなりません。

声を出すことが重要です。町のあちらでもこちらでも政治談議が始まると必ず若い世代にも広がります。みんなが意識をもって政治を語れば日本が変わります。

国民が、政治的に鋭い目を持っていることが解かれば、政権を担当する者がお友達に利益誘導をしたり、自分の選挙支援者に国費を乱用したりすることもできないのです。政治家が、前代未聞の選挙違反や汚職をしても悪びれることもなく強気の弁を繰り返したり、嘘をいい通した官僚が、異例の出世をしたりするなどということもできません。大多数の国民が、文句もいわないで黙っているからこそできることです。

将来の日本をよくするために声を上げるのは、高度経済成長期という良き時代を生きた私たちシニア世代の責任です。折角、奇跡の戦後復興を果たしたのに、今のような日本の有様では私たちシニアは安らかに死ぬこともできません。

２０２０年11月４日午前、テレビでは、アメリカ大統領選挙の開票状況を放映していました。開票の初期段階、選挙人獲得数で民主党バイデン候補がリードする中で、司会者が、フロリダ州の共和党支持者の高齢者が述べた言葉を紹介していました。「トランプ大統領は、ＣＯＶＩＤ19に対して無策で多くの国民が感染して死亡しました。私は、今まで共和党の大統領候補に票を投じてきましたが、今回は、バイデン候補に投じました。私には、子供や孫の時代への責任があるからです」

日本もアメリカも、シニアの想いは同じなのだと思いました。

第三章　シニアの日常生活

シニア生活の折り目と身だしなみ

定年で会社を退社しても、シニアの日常生活には折り目を付けることが大切です。シニアにとって、退職後の人生には有り余る時間が与えられるので、その時間を如何に有効かつ有意義に使うかが重要な課題です。

先ず、朝のルーティーンを決めます。朝、起床したら血圧と体重を測り、次に朝の運動をします。これは、シニアの健康にとって極めて大切な日課です。ウオーキングやジョギングなど朝の運動は、朝日を浴びて健康効果が高いといわれています。朝が苦手の人は夕方でも大丈夫です。ウオーキングやジョギングをする前には、ストレッチングを忘れないことが大切です。ラジオ体操に加えていくつかの柔軟体操を行います。

私の場合、朝は、1階の空き部屋でストレッチングと筋トレメニューをこなします。

筋トレの前に念入りにストレッチングをするのが基本です。この基本を守らないと健康のために逆効果になります。早朝は、副交感神経優位なのでストレッチングで交感神経優位に切り替えるのです。私の場合、時間的には2対1でストレッチを優先します。

朝食を摂ったら、歯磨きと髭剃りをして髪を整えます。無精ひげを生やすと気持ちも不精になるので、シニアにとって髭剃りは必須です。

今日は、特に出かける用事もないし訪ねてくる人の予定もないとなると、パジャマのままでつい過ごしてしまうことがあります。家内が、「いい加減にして着替えなさいよ」といってても生返事でのらりくらりしていると、突然、旧友が「近くまで来たので」と尋ねてきて慌てることがあります。普段から心すべきです。

シニアになっても、月に一度は散髪するべきだと思います。最近は、電気バリカンやハサミなども売っていて、奥さんがご主人の散髪をする家庭も多いと聞きます。少し器用な女性なら、男性の散髪は難しくありません。

私などは、殆ど髪の毛がなくなって3分の1も残っていません。それでも、1ヶ月に一度は散髪します。家内は、「あまりかわり映えしない」といいますが、本人はさっぱりとした気分になって心も爽やかになります。

冬の乾燥はシニアにとって敵です。肌が乾燥して老人性掻痒症になります。下腿や大腿、背中、臀部、お腹周りが痒くなります。痒いだけなら本人がつらいだけで済みますが、乾燥性の皮膚炎で汚くなりますし、ひどい時は潰瘍にもなります。そうなると、他人に対しても見た目に不潔感を与えて貴方のイメージが下がります。

乾燥性の老人性掻痒症には、尿素系外用薬「ウレパール・ローション」があります。皮膚科でなくても、かかりつけの内科医に相談すれば処方してくれます。このくすりは、効果が良く、価格的にもとても安いので有難いくすりです。かかとに用いればあかぎれの予防や治療にも役に立ちます。

見た目といえば、普段の姿勢は大切です。背を曲げたり、腰を曲げて歩いたりするといかにも年寄りくさく見えます。見た目だけではなく健康にとっても問題があります。姿勢が悪く前かがみになると、歩く時に足が前に出にくくなって歩幅が狭くなります。姿勢が良いと、足が前に出やすくなって歩幅も広く取れます。

歩幅は、脚力、特に臀筋力を鍛えるために大切な条件です。歩幅が狭く、ぺたぺた歩くと臀筋が衰えていずれは歩行困難にもなります。姿勢をセルフチェックするには、気が付いた時に立ち止まって手を後ろで組み肩甲骨を寄せます。そして、手をもとに戻したらその姿勢で歩きます。1日に何回も行います。

見た目を述べたついでに、上腕二頭筋と大胸筋について触れたいと思います。上腕二頭筋と大胸筋は、男にとって象徴であり精神的な誇りです。若い時には立派だった上腕二頭筋と大胸筋も、シニアになると時間とともにしぼんできます。

私は、55歳で関節リウマチを発症し、寛解した後、58歳のときにスポーツジムで手首を痛めた上に、その5年後、関節リウマチの再発でまた手首が腫れたので、10年以上ものあいだ、懸垂と腕立て伏せを怠けてしまいました。

気が付いたときは、すっかり筋肉らしい盛り上がりもなくなっていました。本来は、盛り上がっているはずの筋肉の辺りには、何本ものしわが走っているのを鏡で見て大きなショックを覚えたものです。

このままでは終わりたくないと思い、腕立て伏せを再開しました。若い頃は、80回以上はできたのに再開したときは1、2回しかできませんでした。根気よく毎日続けていたら、1年後には50回ほどできるようになり筋肉も少し付いてきました。

初めてとか、久しぶりに腕立て伏せに挑戦するシニアには、無理をしないことが大切です。初めは、上半身だけの腕立て伏せか、肩の上下だけの腕立て伏せを行います。状況を見ながら、体を少し沈めるだけで浅い腕立て伏せを行い、時間をかけて体を少しずつ沈めて行います。数か月後には思った以上に力が付きます。

上腕二頭筋と大胸筋の筋トレには、腕立て伏せ以外にも懸垂が効果的です。昔流行ったぶらさがり器で懸垂ができますので、家に使わなくなったぶらさがり器がありましたら活用するべきです。無理なく気長に続ければシニアにもできるようになります。

シニアの筋トレ、特に腕立て伏せや懸垂には一寸したコツがあります。最初に、目標回数の半分ほどの試技を行って、3、4分ほどのストレッチングを挟んで、目標回数の筋トレを行うと実力以上の力が出て面白いほど上達します。

腕立て伏せも懸垂も、短時間の運動にしては結構息が上がる運動です。先日、テレビ放送で、有名な筋肉博士が「シニアのみなさん、1日に1回は、息が上がる運動をして下さい」といっていました。肺機能を維持するのに良いそうです。

シニアの健康にとって、筋肉を鍛えて基礎代謝を維持することは大切です。大臀筋と太腿四頭筋が最も大きな筋肉で全体の50％を占めるそうです。大胸筋、上腕二頭筋も大きな筋肉の代表なので、健康と男のプライドをかけて鍛えたいものです。

シニアにとって、時には繁華街に出かけると心の刺激になります。私の年になっても銀座に出ると何故か心がウキウキします。そして、すこし、おしゃれをしようという気持ちにもなるのです。地方に住むシニアは、その地方都市の繁華街を訪ねてお気に入りの場所を見つけると良いと思います。何かを買うという目的がなくても、街を観察することで、あなたの心に刺激を与えてセンスも向上すると思います。

シニア夫婦の距離感

シニアにとって、日常生活で微妙なのは夫婦間の距離の取り方です。夫の現役時代は、朝から晩までお互いが独立した時間を持って、夫は外で精一杯仕事をし、妻は家で家事に精を出し余った時間はお友達との会話や趣味の時間に当てていました。

夫が会社を退職すると、この生活バランスが狂ってしまいます。夫だけが有り余る時間を持つことになり「毎日が日曜日」になります。

家では、日常生活のイニシアチブは妻が握っています。下着から季節それぞれの衣類や日用品に至るまで、その保管場所を把握しているのは妻です。毎日の食事も妻が作っています。夫は、定年退職して家では何もすることがないとなると、見方によっては、普段の生活では夫が妻に寄りかかっていることになります。

夫が大切にされていたのは、夫が外に出て働いて毎月給料をもらっていたからです。年金生活に入ると、夫は毎日家にいて年金はお国からもらうので夫への有難みが薄れます。「亭主元気で留守が良い」というのは妻の本音です。

妻は、長い間地域に根差してお友達も多く、色々な地域のコミュニティー活動にも参加して、「今日行くところがある」「今日用がある」生活をしています。

夫は、仕事人生が終わって仕事仲間と別れて家族との生活に戻ると、そこには、「今日行くところがなく」「今日用もない」生活が待っています。どうしても、妻の従者になって、妻の行くところ行くところについて行くことが多くなります。その上、日常の生活でも、何かをするたびに妻に聞かないと用事が足せません。

勿論、夫婦相愛でシニアになっても夫婦はいつも一緒という例もありますが、このような生活が続くと、次第に妻は夫が厄介者に見えてきて邪魔にもなってきます。男は、会社という組織を離れると夫婦の間では弱い立場になることが多いのです。

大切なことは、夫が妻に寄りかからないことです。先ず、家事を少しずつマスターします。食器洗いからが始めやすいと思います。そうすれば自然に食器の収納場所を覚えます。奥さんと必要な買い物のチェックをして買い物を引き受けます。それで、食品などの収納場所を覚えるのです。自分の得意な料理を1年間に何品かは習得します。料理をすることは男性にとって楽しいものです。世界の料理人が圧倒的に男性が多いことを考えると、男性には料理の適性があると思うのです。週に一度か二度は、夫が料理をするサービスデーを設けて妻にサービスします。

このような行動をして、徐々に家事や身の回り一般の管理を妻と共有します。結果として、妻に寄りかかる頻度が減ります。こうなると、妻の心も晴れやかになり、妻からは夫が頼もしく見えて夫の存在感が回復します。今の若い夫婦は当たり前のようにやっていることですが、我々シニアにはそのような文化がありませんでした。ですから、妻にはより一層夫の行動が光るのです。

次に、自分の時間を持つようにします。読書や菜園活動、地域のカラオケクラブ、健康麻雀クラブ、囲碁将棋倶楽部、何でもいいのです。あなたが好きになれること、夢中になれる事を見つけて自分の時間を楽しむのです。

会社勤務時代の同僚にS君がいました。S君は、定年退職後、自宅にいても居心地が良くないというのでついついパチンコ店に通うことが習慣になりました。そのうちに、パチンコ依存症になり奥さんを苦しめることになったそうです。現役時代のS君は麻雀が大好きでした。S君の住む地域に、健康麻雀クラブでもあったらパチンコ依存症にならなくて済んだのにと思うと残念でなりません。

妻が、コミュニティー活動や友達の会に行くときは気持ちよく「行ってらっしゃい」と送り出すようにします。夫に配慮して、「出席しようかしら、止めとこうかしら」というときは積極的に「行っといでよ」と後押しします。

夫婦は、食事の時間、お茶の時間など共にする時間が多いのですから、できるだけ、それぞれに自分の時間をもって人格的にも独立した日常生活を送ることが大切です。時々、一緒に映画を観たり、散歩に出かけたり、共通の趣味を楽しむというのが理想ではないかと思います。時々がいいのです。

シニアの会話

シニアでは、女性に会話（おしゃべり）が好きな人が多いのに比べて男性はどうでしょうか？　勤務時代に職場での会話がすこぶる滑らかだった人も、退職後は会話が少なくなることが多いようです。コミュニティー活動でも、女性は数多く参加しておしゃべりを楽しんでいますが、男性の参加は圧倒的に少数です。唯一、イニシアチブを発揮できる健康麻雀クラブでも、男性会員数は約4割という状況です。

私がお世話をしている活動で「うたごえ広場」という活動があります。昔の「うたごえ喫茶」のようなやり方で2時間半の活動ですが、25分間全員で斉唱して15分間休みます。これを4回繰り返します。休み時間は「おしゃべり時間」にしています。皆さん「おしゃべり時間」のほうが楽しそうです。

昔から、おしゃべりは健康に良いといわれています。老人性うつの予防と認知症予防にいいそうです。何よりも、おしゃべりをすると気持ちに活気が生まれます。そして、思考力と表現力が向上します。女性が男性より長生きするのは、染色体の遺伝子数の違いだとする説が有力のようですが、おしゃべりも有力な要因かも知れません。

家庭の中でのシニア夫婦の会話はどうでしょうか？　普段は、必要最小限度の会話ですんでいると思います。「お昼は何食べたい？」「カレー」で足ります。

私たち夫婦の場合は、家内が中学時代の体操部の後輩なので「だれ君の妹はだれと結婚したんだっけ？」とか「なんとか先生は今まだ元気なんだよね？」とかをきっかけに昔話に花が咲くこともありますが、若い頃に比べると会話は少なくなりました。手振り身振り、あれそれで意思疎通がはかれるので会話は短くなるのです。

夫婦の会話を増やす方法はないかと考えてみました。先ず、買い物やウオーキングをしたときには、見たり気がついたりしたことを報告することにしました。「良く熟れて食べごろのバナナがあったから買ってきた」のついでに「バナナは期限切れ寸前のものが甘くて栄養も豊富なんだ」とうんちくも述べます。

自宅の近くに見沼用水西縁《べり》が流れています。見沼用水西縁には、桜並木など四季折々の植物が豊富で市民の人気のウオーキングコースです。護岸工事のためか、長い間、魚が住み着くことがなかったのが、最近、水草が茂るようになって、鯉のほかにもモロコやクチボソや鮒など小魚の群れが多く見られるようになりました。

お腹を向けてきらきら光って泳いでいるのはきっとモロコかクチボソで、お腹を向けない黒い集団は、きっと鮒か鯉の子供だと思うとか、カルガモの親子が泳いでいたことなど何でも目にしたことを報告するのです。これで少しは会話が増えます。

声を出して挨拶をするのは気持ちが通じる短い会話だといえます。長らく見沼用水縁をウオーキングしているとお馴染みのシニアができます。初めはただの通りすがりでしたが、何ヶ月もすると馴染みになり「こんにちは！」「あついですね！」と挨拶するようになります。カルガモの親子に餌をやっている生き物好きな男性とは休憩タイムをとって立ち話もします。「カルガモの親子はキャットフードが好き」なこと、「今年は子ガモが少ないが去年は多かった」など新参者の私に教えてくれます。

男性のシニアには、無自覚のうちに現役時代の世界を引きずって生きていることが少なくありません。特に、部長など会社の幹部を経験した人にその傾向がみられます。「私が部長だったころは」「私が支店長だったときに」がつい出ます。

会社のＯＢ会で、昔の上役だった人がいつまでも偉そうな上司風を吹かせるとこぼしていた知人がいました。会社を離れたら、会社での立場や組織や社会とのしがらみを捨てて世間と交わるのがルールです。

同窓同期会も同じです。同期の者は会うだけで懐かしく話していても時間を忘れます。昔に戻って気持ちも若くなります。高校時代の同期会では、眼科医で網膜の研究で世界的な権威や79歳になっても東証一部上場企業の会長兼ＣＥＯで頑張っている者もいます。世界の権威も会長兼ＣＥＯも年金生活者も、会えば、みんな「〇〇くん」で高校時代に戻って懐かしく語りあって楽しいひと時を過ごします。

話し上手は聞き上手という言葉があります。

話し上手の人がお話する時は、物事を客観的に述べたり情報を提供したり情報を解説したりしながら意見も交えて話します。そして、聞き手の反応を確かめながら間合いをとって話します。話しながら、他の人に話を振ったりして人の話を良く聞きます。話し上手と聞き上手は一体のものです。

シニアの女性に人気のある男性には共通点があります。先ず、ユーモアがあって、笑顔があって、初めての相手にも極めて親しくお話しします。時には、さりげなくダジャレも発します。それでいてダジャレの押しつけはありません。

欧米では、ある程度のポジションの人間になるとユーモアを身につけなければならないといいます。ユーモアは、コミュニケーションをはかる上で重要な要素だということです。田舎者の私には、どのように努力してもそれができません。明るく笑顔で話すことでカバーしてきました。若い頃から、ダジャレも苦手でした。

私が住んでいるさいたま市緑区の自宅界隈には、真面目タイプの方が多いようです。この辺りは、3、40年前の新興住宅街なので地方出身者の方が多いのです。ですから、あまりダジャレも耳にしません。私には、とても住みやすい町です。

日頃、シニア同士で会話をする時に気になることがあります。シニアになると活舌が悪くなり耳も遠くなります。お互いの話が通じないことがときどき生じます。シニアの会話には、ゆっくりはっきり話すことを心掛けたいと思います。

シニアの読書

雨の日や、特に用事がない日は読書をするのが一番です。作品の中に入り込んで、自分も登場人物になった気分になれます。時には、「自分ならこうするのに」とシナリオを勝手に変更して夢想することもできます。読書には、想像をたくましくして物語の世界に入り込める楽しさがあります。まるで、「壺中の天」のような世界です。

昔読んだ書棚の単行本や全集を見てみると文字が小さいのに驚きます。昭和30年代発刊の全集ものや単行本は、例外なく粟粒のような活字が並んでいます。それで、何冊か年代別に比べてみますと、昭和40年代、50年代後半の発刊本もそんなに変わらず文字が小さいことが解かりました。私の視力が衰えたのです。

平成に入ってから、少しずつ印刷にゆとりが生まれるようになりました。最近の新書は、文字も大きくなり行間も文字間もゆとりをもって印刷されています。シニア層の読者に配慮しているのだと思います。有難いです。

さいたま市のような地方都市に住んでいると、昔の本屋さんが見当たらないことに気が付きます。大手チェーンばかりが目につくのです。大手チェーンの本屋さんには、私たちシニアが欲しい書籍はほとんど置いてありません。漫画やビデオや若者向け書籍ばかりで、欲しい本を注文するには取り寄せを依頼して数日後に受け取りに行かなければなりません。私たちには不便な時代になりました。

ある日、電話かメールで注文すると家まで届けてくれる本屋さんが隣の川口市にあることを知りました。『てたりと』という本屋さんです。この本屋さんを知ってからは大変便利になりました。障害者就業支援組織が運営する本屋さんです。

新聞の広告を頼りに本を買うと、ときには期待外れもあります。新聞広告に「コロナより怖い老人抹殺社会の現実がここに」という、私たちシニアにとって、聞き捨てならない衝撃的な文言が躍っていました。早速、購入して読んでみますと、本の内容は広告文のような過激なものではなく、老人ホームの詳しい実情が真面目な視点で書かれていました。編集者の意向もあるのでしょう。このようなケースは度々あります。

最近ショックを受けたことがあります。急に懐かしくなって、書棚から講談社版『井上靖西域小説集』を取り出して、『敦煌』を再読しました。読んでみますと、殆ど初めて目に触れたような感覚でストーリーの展開も情景も覚えていないのです。所どころ、うっすらと記憶がよみがえる程度です。それならと、『楼蘭』を読んでみますと、これも、部分的な場面がおぼろ気ながら記憶に残っている以外はほとんど新しい物語を読んでいるような感覚です。ほかの収載作品もみな同じでした。

井上靖の西域小説は、物語の展開は勿論ですが西域など未知の世界を想像たくましくさせる不思議な興奮があって夢中で読んでしまいます。登場人物や国や都邑などの名前に馴染みがないので、読み終わった後の記憶が残り難いのかも知れません。

それではと、平岩弓枝の作品を読むきっかけになった『風の墓標』を読んでみました。ここでは全体の1割ほどの情景が記憶に残っていました。この作品は、江戸時代鎖国前後の日本と東南アジアの交易の世界を舞台に、若き主人公をめぐる感動的な物語です。再読した今回の方が感動も大きく、益々、平岩さんの作品が好きになりました。

引っ越しやら家の建て直しで随分多くの書籍を処分しましたが、司馬遼太郎の作品は今も多く残っています。2年ほど前に、磯田道史さんのＮＨＫ出版新書『「司馬遼太郎」

で学ぶ日本史』という新書を読んでいました。磯田さんが語る司馬さんの歴史観を思いおこしながら、司馬作品を再読してみようと考えました。

早速、『竜馬がゆく』を読んでみました。42歳の頃に読んだのですが、ビジネスマンの間で最も読まれた作品の一つだと思います。高度経済成長時代、竜馬の時代背景やストーリーには他の作品との重複も多く以前から親しんでいるはずなのに、やはりほとんど新しい物語に接しているような読み心地です。

これは、史伝的な作品で膨大な資料にもとづいて書かれているので、描写も細かく登場人物もおびただしく多いので、恐らく、何回読んでも読むたびに新鮮さを感じると思います。登場人物の多さは、『水滸伝』以上です。

いずれにしても、40代から50代にかけて読んだ作品は、殆ど初めて読むに等しいくらいに忘れていることが解かりました。

気になっていた森鴎外の薄い文庫本がありました。『ヰタ・セクスアリス』です。この文庫本は、若い時に買って読んだのですが、私が期待したイメージに合わず途中で放り出したまま長く忘れていたものです。

改めて、『ヰタ・セクスアリス』を読んでみました。しおりが「一七になった」の手前で止まっているところをみると、ここで読むのを止めてしまったようです。明治時代に発禁になったというのでどんな内容かという興味もあって読んだのですが、期待に反して地味な内容だった記憶があります。読む動機が不純だったのです。

今回、改めて最初から読み直してみると、主人公（森鴎外）の少年期から25歳までの「性」についての経験と鴎外の思考を綴ったもので、私小説的な作品だということが分ります。この作品の掲載雑誌『昴』が発売禁止になったのは、『ヰタ・セクスアリス』がポルノグラフィーと解されたからです。ポルノグラフィーか哲学小説かという論争があったそうですが、今となってはとても信じられない論争です。

随分前に、お付き合いで純文学の読書会に参加したことがあります。芥川龍之介や夏目漱石、川端康成、森鴎外、樋口一葉などの作品は、品格と奥行きがあって格別なものを感じました。仕事が忙しかったので退会しましたが、書棚に残された随分前の純文学作品も再読してみたいと思っています。

シニアの読書には、昔読んだ作品をもう一度読んでみるという「再読」を是非お勧めします。30年以上も前に読んだ作品の再読は、初めてに近い感覚で読めるかも知れません。ほとんど忘れているからです。

第四章　シニアの健康管理

健康長寿「貝原益軒の養生訓」

貝原益軒は、「養生訓」の中で人間の三楽について次のように述べています。

「およそ人間には三つの楽しみがある。第一は道を行って、自分に間違いがなく、善を楽しむことである。第二に自分の体に病気が無く気持ちよく楽しむことである。第三は長生きしてながく楽しむことである。富貴であっても、この三つの楽しみがないとほんとうの楽しみはない。だから富貴はこの三楽に入らない。心に善を楽しまず、また養生の道を知らないで、体に病気が多くて、最後に早死にする人は、この三楽を得られない。人間であるからには、この三楽を手に入れる計画がなくてはならない。この三楽がなかったら、最高に富貴であっても何もならない」と述べています。

孟子の三楽は、一家の無事息災、公明正大で天に恥じることがないこと、英才の教育をすることをあげています。列氏の三楽は、人間として生まれ、しかも男子として生まれ、長生きをしていることと述べています。重なるところがあって面白いです。

東京お茶の水に、三楽病院があります。昔から、優秀な医者が多いことで有名な病院です。病院の名前は、孟子の三楽から採ったものだと聞きました。

第一の、人間として善を行って心に悔いがないというのは心の健康にとって大切なことです。第二と第三は健康長寿です。どんなに富貴な人でも善を行い健康長寿でなければ何にもならない。この三楽を人生の旨としなければいけないと述べているのです。

貝原益軒は１６３０年（寛永7年）に生まれて84歳まで長生きしました。今の１００歳以上を生きたことになります。養生訓を著したのは83歳のときでした。

益軒先生は、「養生訓」の根本思想を「人間は、天地・父母の恵みを受けて生まれ、養われた体であるから、自分だけの所有物ではない。だから、良く養生して天寿を長く保つべきである。そして、長生きは、全ての幸福の根本である」と述べています。これが益軒先生の世界観なのです。

養生とは、病気にならないように元気を保つこと、あるいは、健康増進のためにするべきことをいいます。今でいえば、健康メンテナンスでしょうか？

益軒先生の養生訓は、余りにもストイックでついて行けないところもありますが、今でも常識となっているところもあります。「夜遅く食事をとってはならない。食べすぎお酒の飲み過ぎはいけない」、改めていわれると心配になります。

私たちの時代は、飲み会、宴会、接待で益軒先生の養生訓に反したことばかりをしてきました。益軒先生からは、私たちの世代は決して長生きできず早死にする人間ばかりだといわれそうです。勿論、現代の若者たちも同じようなものです。

また、「体の強い人は自信を持って用心しないから、弱い人よりかえって若死にする。体の元気が弱く、飲食少なく、いつも病気をして短命だろうと思われる人が、かえって長生きするのが多い。これは弱いのを畏れて用心するからである。命が長いか短いかは、体が強いか弱いかに関係がない」と述べています。養生が大切なのです。

益軒先生の「晩食は朝食よりも少なくするがよい」という言葉は、今も通じる言葉です。私は、シニアになってからこの食事習慣を守っています。

益軒先生は、養生訓のいたるところで禁欲を説いています。「欲をこらえるのは長命のもと、欲に任せるのは短命のもとである。欲に任せるか、がまんするかが長命と短命のわかれ道である」、益軒先生の養生の基本は禁欲だともいえます。

更に、先生は、男女の交接にも細かく言及します。

益軒先生は、千金方（唐時代の医書）を引用して、「四十の者は十六日に一度漏らす。五十の者は二十日に一度漏らす。六十の者は精を閉じて漏らさず。もし体力さかんならば一ト月に一度漏らす」と紹介しています。一方で、益軒先生が当時の人々に推奨する房中補益の説では、「四十以上の人は交接のみしばしばにして精気（精液）を漏らしてはならない。四十以後は腎気がしだいに衰えるから、精気を漏らさなくても云々」、「接して漏らさず」の名言はここからきていると思われます。

益軒先生の時代よりも1000年も昔の中国と日本で、こんなに差があったのです。益軒先生は、くすりの服用量についても述べていますので参考までに紹介します。

当時の日本では、中国の服薬量の3分の1から5分の1以下だったそうです。益軒先生の考えでは、理由の一つとして「中国人は、大いに肉を食い食事の量も多く胃腸と体が強かった。日本人は、体も胃腸も弱く食も少なく肉もあまり食べない」、それで、服薬量にこんな差がついたといっています。江戸時代は、「君に忠、親に孝」の社会で、その上、戦もなかったので倹約・節食が美徳な社会として長く続きました。それで、体力が弱かったのかも知れません。日本男児としては悔しいの一言です。

浮気について、「一時の浮気をし放題にすると一生の持病になるかその場で命が危うくなるかだ」と述べています。浮気は、場合によっては刃傷沙汰にもなったことが窺われます。現代の私たちにも容易に想像することができます。

お酒について、「酒は天の美禄（よいさずかりもの）という言葉がある。少し飲めば陽気を補助し、血気をやわらげ、食気をめぐらし、愁いを取り去り、興を起こして大変役にたつ。またたくさん飲むと酒ほど人を害するものはほかにない。酒をたくさん飲んで飯を少ししか食わぬ者は命が短い。酒は適量に飲むべし」と諫めています。

昔、東北大学の若い医師から聞いた話があります。救急外来には、たびたび、素性の知れない行き倒れが運ばれてきました。若い医師には行き倒れの診断がほとんどできませんでした。ベテランの医師は、このような患者の扱いには慣れていて、リンゲル液か何かを点滴すると患者は直ぐに回復して帰ったそうです。

東北地方では酒飲みが多く、飯を食うと酒が不味くなるというので、飯は朝しか食べないという人が多かったそうです。行き倒れになるのは栄養失調が原因だったのです。酒飲みにはこのような事例が多く、東京にもたまにいるそうです。

益軒先生の養生訓には、たばこと健康被害の記述がそれほど多くはありません。たば

料金受取人払郵便

大阪北局
承認

6123

差出有効期間
2023年5月
31日まで
（切手不要）

郵便はがき

553-8790

018

大阪市福島区海老江5-2-2-710

㈱風詠社

愛読者カード係 行

ふりがな お名前		大正 昭和 平成 令和 年生 歳	
ふりがな ご住所	□□□-□□□□	性別 男・女	
お電話 番号		ご職業	
E-mail			
書名			
お買上 書店	都道府県 市区郡	書店名	書店
		ご購入日	年 月 日

本書をお買い求めになった動機は？

1. 書店店頭で見て　2. インターネット書店で見て
3. 知人にすすめられて　4. ホームページを見て
5. 広告、記事（新聞、雑誌、ポスター等）を見て（新聞、雑誌名　　　　）

風詠社の本をお買い求めいただき誠にありがとうございます。
この愛読者カードは小社出版の企画等に役立たせていただきます。

本書についてのご意見、ご感想をお聞かせください。 ①内容について
②カバー、タイトル、帯について
弊社、及び弊社刊行物に対するご意見、ご感想をお聞かせください。
最近読んでおもしろかった本やこれから読んでみたい本をお教えください。

ご購読雑誌（複数可）	ご購読新聞 新聞

ご協力ありがとうございました。

※お客様の個人情報は、小社からの連絡のみに使用します。社外に提供することは一切ありません。

こは、慶長6年（1601年）から国内で栽培されるようになりましたが、江戸幕府は、栽培にも喫煙にも禁止令を出してたばこの普及には時間がかかりました。

益軒先生は、「たばこには毒がある。煙をのんで目がまわってたおれることがある。習慣になると癖になってやめられない。貧民は失費が多くなる」といっています。

私の会社勤務時代の同僚に、2人のヘビースモーカーがいました。1人は、50歳代前半で二度目の心筋梗塞発作で亡くなりました。1人は、定年退職後、60歳の年金受給開始の直前でやはり心筋梗塞を発症して亡くなっています。私は、このことをきっかけに禁煙を決心しましたが、実際に禁煙するのに5年かかりました。

益軒先生は、択医（医者を選ぶこと）についても力を入れて述べています。「天下にかけがいのない父母や子供のからだを庸医（やぶ医者）の手に任せるのは危険である」「自分が医術について知らなくても教養として医術の大意を知っていれば医者の良し悪しはわかる」といっています。

昔の医者は、今と違って、医薬分業もなく専門分野か否かに関わらずどんな患者も診なければならないので勉強することが多岐に渡って大変だったと思います。しかも、教科書が漢書でしたから、先ず儒書を読んで漢学を修めねば始まらず、医書は、周の時代から何百もの書物があり、全てを修めるのは容易ではありません。当然、多くを学んだ名医と余り学んでいないやぶ医がいたことは想像できます。

現代は、医学も専門分科しました。私が薬局事業を起業した平成初期には、患者を抱え込んで他の専門医に紹介しない医師も結構いました。抱え込んで、ああでもないこうでもないと時間がたって手遅れになることもあったのです。

最近の医師は、昔とは教育も違いそのような医師は少なくなりました。それでも、今も、患者離れの悪い医者と適切に専門医に回す患者離れの良い医者はいます。患者としては、患者のことを第一に考え患者離れの良い医者を選びたいものです。

現在は、患者のための医療という考え方が浸透し、患者も治療に参加できるようになりました。そのためにセカンドオピニオン制があります。少しでも疑念や心配がある場合には、主治医にセカンドオピニオンを申し出ることが大切です。

養生訓に、「前医の治療法がたとえ誤っていても、前医をそしってはならぬ。他医をそしり、自分の医術をほこるのは小人のくせである。医の本意ではない」というくだりがあります。益軒先生は、医者の品格をいっているのです。

養生訓の最後は、「養老」です。「子は親の心を楽しませ、親の志にそむかず、怒らせず、心配させず、季節の寒暑に応じて、居室と寝室とを快適にし、飲食の味をよくし」から始まって子供を育てるように気を使って、心を静かに、老後を楽しくなど、83歳のご自身の身をおもんばかるような書き出しです。

興味深いのは、「いまの世間では、年とって子に養われている人が、若い時より怒りっぽくなり、欲もふかくなって、子を責め、人をとがめて、晩年の節操を保たず、心をみだすものが多い」といっているところです。今の時代も、中高年者が切れやすく、駅員や医療従事者、コンビニ従業員などに暴力を働いたり暴言を吐いたりする事件があとを絶ちません。このような現象は、加齢による脳の萎縮、特に前頭葉の萎縮と関係があるそうです。今も昔も変わらないわけです。

反対に「父母を怒らせるのは、子の大不孝である。また子として自分の不孝を親にとがめられて、かえって親がもうろくしたと人にいうのは、最大の不孝である。不孝をして父母をうらむのは悪人のよくやることだ」と、このような親不孝者はいつの時代にもいるので、世の中は、６００年たってもそんなに変わらないものだと思いました。

現代シニアの養生訓

私たちシニアにとって、健康は最も価値ある財産です。シニアの健康とは、病気がないことをいうのではありません。シニアともなれば、誰しもいくつかの生活習慣病を抱えています。病気を抱えながらも、病気を適切に管理し、健康に対する最良のメンテナンスをしながら前向きな生活をしているのが現代シニアです。

現代は、医学の進歩によって昔は困難だった病気の管理も容易になりました。従って、現代シニアは、益軒先生の「禁欲の養生」に加えて、「科学的で積極的な健康管理」を心おきなく実践できるようになりました。

養生の一番は体重管理です。先ず、自分の基準体重を決めます。20歳前後のベスト体重＋10％以内、且つ、ＢＭＩ値24・5以内で決めます。シニアは、加齢とともに筋肉や肝臓など全ての実質臓器が委縮します。それ以上に皮下脂肪や体脂肪が増えるので若い時より体重が増えるのは仕方ありません。

シニアにとっては、適度な脂肪も必要で、脂肪細胞は必要な内分泌機能の衰えを補う働きをしているそうです。小太りの人は長生きするともいわれています。

朝食前に空腹時体重を測ります。予め、風袋を計っておいて正味の体重を把握します。そして、その日の体重によって食事の量を調整します。体重管理はカロリー管理です。余分なカロリー摂取を制限するのが基本です。

シニアにとって、過酷な運動をすることで減量するというのは至難の業です。死ぬほど頑張ってランニングをしても、たかだか数十キロカロリーの消費にしかなりません。一生懸命にやり過ぎて足を痛めるようなことになれば健康にとって逆効果です。

勿論、シニアの健康管理に運動は欠かせません。機能低下の予防や下半身などの筋肉強化のウオーキングや筋トレ、ストレッチングは重要です。基礎代謝の維持をはかり肺活量を維持するのにも役立ちます。無理なくほどほどがいいのです。

基準体重をオーバーした時は、半日絶食が有効です。半日絶食とは、朝ご飯を抜いて、空腹時間を17時間ほど持続してサーチュイン遺伝子を活性するという最近の健康法です。毎日する必要はなく、体重がオーバーしたときだけでいいのです。

シニアにとって、朝の血圧測定は重要です。何もない人も、時々は血圧を計っておくと病院血圧が高い場合に家庭血圧が参考になります。人によっては、病院で計る血圧が異常に高い場合があるので、家庭血圧も把握しておくことが大切です。

高血圧症の対策は、食事の塩分制限と体重管理に加えて適度な運動です。

現在は血圧に問題がないと思っているシニアも、加齢とともに血圧が上昇します。高血圧症は、Silent Killer（沈黙の殺人者）といわれる最も恐ろしい生活習慣病の代表です。日常の血圧（できれば夜間血圧も）を把握しておくことは大切です。

加齢とともに上がるのは血圧ばかりではありません。内分泌機能も代謝機能も低下するので、血糖値も脂肪値も上がります。健康には自信があると思っているシニアも、定期的に血液検査を受けてチェックする必要があります。

日本人の糖尿病は、体重増加が原因で起きるⅡ型糖尿病が最も多いとされていますが、最近では、正常体重でも体脂肪が多くインシュリンの分泌機能が低下している患者も多くなっているそうです。日常の運動不足が原因だと思われます。

糖尿病と高脂血症もSilent Killerと呼ばれる恐ろしい生活習慣病です。

糖尿病と高脂血症の対策は、体重管理と適度な運動です。体重は、ＢＭＩ値24・5以内を維持する必要があります。次に、適度な運動（ウオーキングとスクワットや腕立て伏せ）、有酸素運動と無酸素運動の両方が効果的です。

それでも血糖コントロールが十分でない場合は、糖尿病薬を低用量から服用します。

今は、副作用の少ないＤＰＰ‐４という血糖コントロールしやすいくすりが何種類も開発されています。服薬中もカロリー制限と運動を続けることが必要です。

高脂血症は、特に食事の影響を受け易いので注意が必要です。中性脂肪は、アルコール、人によってはお饅頭やケーキなど甘い食べ物に影響されます。

高脂血症の対策は、食事療法と適度な運動、徹底した体重管理以外にはありません。私は、40代から中性脂肪値が高かったのですが、ある時、画期的な新薬が開発されたというので服用しました。背中と腰が凝るように痛むので主治医に報告しましたら、この新薬の副作用には筋肉融解症がありその痛みだというのです。これは、恐ろしい副作用で、特に、高齢者は腎臓に大きなダメージを受けます。

最近では、血圧も血糖値も脂質、特に中性脂肪値も、シニアは少し高めでも問題がないことが分っています。70代、80代は年齢に相応しい値があるのです。だからといって、放置するのは危険で、少し高いなりにコントロールが必要になります。主治医と相談して、あなたにあった検査値の基準を決めることが必要です。

私の場合は、血糖値はＨｂＡ１ｃ７・０、中性脂肪値は２００を基準値にしています。基準値を超えたらカロリー制限や節酒をすることにしています。

日本人に多いとされる胃がんと、特に近年増加が著しい大腸がんの検査は、放射線被ばくの問題があるので、現在では、内視鏡検査が主流になりました。

十数年前までは、大腸内視鏡検査をする医師が少なかったので、便潜血検査を実施した上で陽性ならレントゲンによるバリウム検査か大腸内視鏡検査のどちらかを受けるというルールでした。ようやく最近になって、大腸内視鏡検査をする医師が増えたので、厚労省は、胃も大腸も内視鏡検査を推奨するようになりました。

便潜血検査は、癌があっても陰性の場合もあり、反対に、癌がなくても陽性の場合もあって検査の信頼性に問題がありました。便潜血検査は、患者が大腸内視鏡検査に殺到しないための防波堤の役割があったのかも知れません。

大腸内視鏡検査ができる医師が増えたからといっても、まだまだ、大腸内視鏡検査では医師の技量にはばらつきがあります。よく調べて、検査症例数が多くて技術の確かな医師に検査してもらうことが大切です。

加齢とともに、腹筋力と大腸の蠕動運動が衰えてシニアには便秘症が多くなります。快便は健康にとって大切な条件なので対策が必要です。私の場合、便秘対策には「酸化マグネシウム」を、1日600㎎、朝食後と夕食後に分けて服用しています。

マグネシウムは、人体にとって有益で必須な物質です。種々の酵素を活性すると同時に血圧調整や血栓予防にも関わっています。「酸化マグネシウム」は、大腸の水分吸収を阻害することで便秘を解消します。習慣性もないので安心して服用できます。また、過剰に服用すると下痢を起こすので過剰摂取の心配がありません。

検査技術が大きく進歩したものにエコー検査があります。腹部エコーでは、肝臓の健康状態つまり癌や脂肪肝や結石があるかないか、胆管や胆のうに癌や結石があるかどうか、それ以外に膵臓の膵管の状況、腎臓、膀胱、腹部動脈、前立腺などに異常があるかどうか、多岐に渡って検査することができます。

関節リウマチは、元来、若い女性に多い疾患でしたが、最近の傾向としてシニア男女の関節リウマチが急増しているそうです。手首や足首に腫れや痛みを感じたら、関節リウマチを疑う必要があります。主治医に相談すれば、血液検査で判定できます。

シニアの関節リウマチ、特に男性の場合は重症化することが少ないため、多くの方が年のせいだと思い、放置することが多いようです。関節リウマチの治療には、鎮痛薬をはじめプレドニゾロン、メソトレキセートなど免疫抑制剤を服用することが一般的ですが、使い方によっては、糖尿病や間質性肺炎などの副作用を発症することがあるので注意が必要です。シニアの関節リウマチについては「私の病歴」の項で後述します。

最近、腸内細菌叢と大腸免疫の研究が進んでいます。H2ブロッカー、プロトンポンプ阻害薬、P-CABなどの強力胃酸分泌抑制剤を長期服用することで、腸内細菌叢（大腸フローラ）が大きく乱れること、このことが、自己免疫疾患の発症に関係があることを示唆するいくつかの研究論文が発表されています。

自己免疫疾患とは、自己を細菌やウイルスなどの外敵から守る免疫機能が暴走して、自己の組織や臓器を攻撃することで発症する疾患です。代表的なものは、関節リウマチや炎症性腸疾患（クローン病・潰瘍性大腸炎）I型糖尿病、全身性エリテマトーデス、多発性硬化症、バセドウ病、橋本病などがあります。全て、難治性疾患です。

高価な強力胃酸分泌抑制薬の乱用によって、更に難治度の高い病気が発症するのですから、健康保険財政はたまったものではありません。

しかも、今、世に出ている潰瘍性大腸炎やリウマチなどの免疫抑制剤で生物学的製剤といわれる新薬は、目が飛び出るような高価格です。長年、薬業界に身を置いた者として、このような現象にはやり切れない思いがあります。

シニアの健康トレーニング

シニアの健康トレーニングでは、頑張りすぎは禁物です。

私は、51歳で薬局事業を起業して、毎日、事業の拡大に忙しい日々をすごしていました。事業は順調に進捗していましたが、日頃、運動不足を感じていたので58歳の年、会社の近くにオープンしたスポーツジムの会員になりました。

毎日ジムに通いましたが、頑張り過ぎて3か月後には手首を痛めてジムを退会しました。筋トレマシーンでは、若者には負けたくないと80kg以上の荷重でトレーニングをしていたのです。若いころは、体操選手だったというプライドが禍しました。

当時、会社の隣に住んでいたTさんは、70歳を過ぎても大変にお元気で、毎日、スポーツジムに通っていました。エアロビクスでは、とても70代とは思えない華麗な動きでシニアの皆さんの中ではスター的な存在でした。昔は、プレイボーイで鳴らしたというのがTさんの自慢です。そのTさんが、80歳になる前に、突然、腰を痛めて歩行が困難になり、元気も萎えてあっという間にお亡くなりになったのです。周りの人の話では、若い者には負けたくないという気持ちが強かったそうです。

若いころ、スポーツをしていて体力に自信のある人は、今現在の体力を過信しがちです。シニアには、若いものには負けないぞという気持ちが残っていて、これが禍をもたらすのです。先ずは、年齢を自覚することが必要です。

私は、ジムを退会してから、自分流の筋トレメニューを作り自宅で自主トレすることにしました。かかと上げ、腿上げ、スクワット、腕立て伏せ、ハンドグリップ、傾斜腹筋台、懸垂用ぶら下がり器、アームバーなどの筋トレです。早朝の自主トレでは、周りの人を意識することもなく、マイペースでできるので快適です。

握力の強弱と脳卒中・心筋梗塞などの血管障害の関係は、世界各国から論文が発表されていて、今では広く周知されています。日本では、九州大学が福岡県久山町で実施した長期にわたる疫学的調査研究が有名で、テレビで何度も報じられました。

九州大学の調査研究では、握力の強弱によって血管障害の罹患率と死亡率に大きな差が出たことが明らかにされました。女性は、家事で雑巾や布巾を絞ったり容器のふたを開けたり閉めたりする生活習慣が幸いして、男性より握力を使う機会が多いので調査研究の健康成績が良かったという結果が出ました。

近年、握力は、全身の総合的な筋力とも関連があることが分かり、多くの論文が発表されています。中でも、大腿四頭筋など下肢筋力、歩行能力、足把持力とは大きな相関があることが分かっています。中には、上腕二頭筋、肩関節屈曲筋、三角筋との間にも大きな相関を認めたという論文もあります。それで、現在では、健康診断として全身の骨格筋量を把握する意味も含めて握力計による筋力テストが行われるそうです。

言い換えれば、体全体の筋肉を鍛えることで握力も強くなるということです。

厚労省研究班では、「高齢期の経時的な握力低下が大きいほど死亡リスクが上昇する」との研究を発表していますし、文科省では、高齢者の「体力・運動能力調査」で死亡率と握力との相関を示して、筋力強化を呼びかけています。

シニアにとって筋トレ以上に大切なのがストレッチングです。ストレッチ運動は、リラクゼーション効果とともに、血圧の適正化や動脈硬化予防などの効果があるという報告もありますが、それ以上に、関節とスジの柔軟性を高めて関節の可動域を向上するという効果があります。日常動作の向上と転倒や骨折などの防止にも役立ちます。更に、若々しい体の可動域を維持して、運動能力の向上にも役立っているのです。

筋トレやランニングなどの運動をする前には、念入りにストレッチ運動をする必要があります。いわゆる準備運動です。ラジオ第一体操をはじめ、座位又は立位伸膝前屈運動、同じく座位又は立位開脚前屈運動などの腰と股関節の柔軟性、足裏スジの進展性、腰の捻転、肩関節、肩甲骨、ひざ関節、手首、足首、足指などの関節を意識してストレッチングをします。ストレッチング単独でもシニアには良い運動になります。

筋トレは、2日に1回のペースが効果的とする説もありますが、ストレッチングは、毎日行うことが基本です。私の経験では、70歳代前半までは準備動作なしで伸膝前屈も開脚前屈もフル姿勢にできましたが、70歳代後半では、初めは浅く徐々に深く準備動作をしないとフル姿勢にいたりません。関節及び足裏スジなどの柔軟性は、加齢とともに退化の進行が早くなるので毎日続けることが大切です。

手首や腰、背骨など、日常的な動きの無い方向へのストレッチは大切です。即ち、手首や腰を後ろに反らせるストレッチ、後ろで手を組み、肩甲骨を寄せるストレッチ、背骨を湾曲するストレッチ、これは立位で足を90度に構え手を上で合わせて左右それぞれ20秒ほど湾曲するストレッチです。

天気の良い日は、スロージョギングかウオーキングがお勧めです。

私の住まいの近くには、見沼用水西縁《にしべり》・東縁・芝川沿いなど有名なウオーキングコースがいくつもあり、普段、多くのシニアが訪れてウオーキング、ハイキングを楽しんでいます。ＪＲ東浦和駅を集合場所にしてそこからスタートするのです。

特に、見沼用水西縁は、桜並木が十数キロメートルにわたって続いていて、さいたま市の桜名所にもなっています。春は、大勢の花見客が押し寄せます。今は、新型コロナ禍で団体行動はありませんが、単独で楽しむウオーカーは多数見かけます。

私も、最近は、見沼用水西縁コースをウオーキングすることにしています。ご近所の方ともすれ違ったりするので、挨拶しながらその度に姿勢を正してウオーキングします。もっと早く、日課にするべきだったと思っています。

シニアの脚力強化にとって、最も大切なのがウオーキングとスロージョギングです。日常生活に必要な筋力は、日常生活の動作によって鍛えられるのです。

ある名の知られた女性芸能人が、ある自転車競技の選手と結婚しました。お２人がテレビに出演していて、その会話が参考になったので紹介します。芸能人の奥さんが、「あなたの見事な太腿《ふともも》に惚れて結婚したのに、歩くのがとても苦手なのには驚いた」というのです。近くまで行くにも自転車か車で行くそうです。自転車競技で鍛えたそのたくましい大腿四頭筋は歩くためには役に立っていなかったのです。

私は、３年前に人工膝関節置換術を受けていました。リハビリの担当者に教えられた通り、脚力の筋トレメニューは毎日真面目にやっていました。しかし、手術後の経過が思わしくなく、階段の上り下りやウオーキングに痛みが残ったので、脚力の回復に後れを取ってしまいました。それで、遅ればせながらウオーキングを再開したのです。

初めは、20～30分間ほどのウオーキングが大変苦しくて終盤はへとへとフラフラになりました。しかし、半年もすると、脚力強化の成果が徐々に感じられるようになり、苦しい中にも疲れが心地よいものになりました。

ウオーキングを始めた頃は、私と同年配のご婦人たちにどんどん追い越され、惨めな気持ちを味わいました。無理をして速度を上げると、道半ばでへとへとフラフラになってしまいます。心を決めて、半年ほど姿勢優先でウオーキングをしていたら自然に速度もついてきて、今では、ご婦人たちとも互角に歩けるようになりました。

ところが、ある70代後半のご婦人には、追い抜かれてあっという間に離されてしまいます。ある日、そのご婦人を呼び止めてお話を聞いてみました。彼女は、登山の愛好家で数年前まで現役だったそうです。見沼用水西縁をウオーキングするようになってまだ1年経っていないといいます。もともと、脚力に大きな差があったのです。

前にも触れましたが、背を丸めて前かがみの姿勢でウオーキングをすると、歩くときに足が前に出にくくなって歩幅が狭くなります。背スジを伸ばしあごを引き、視線を正面に向け、腰骨を立てて、足で歩くというよりは腰で歩くイメージでウオーキングをします。姿勢が良いと、足が前に出やすくなって歩幅も広く取れます。

長年、身についた歩行スタイルを変えるには時間がかかります。正しい姿勢でウオーキングできるまでは、歩行速度を抑えて姿勢を優先してウオーキングします。

８００メートルを９分〜10分、１０００歩のペースを基準にします。３・２キロメートルなら36分〜40分、４０００歩です。４・０キロメートルなら45分〜50分、５０００歩のペースを目安にウオーキングします。

シニアが、ガニ股やＯ脚で歩くとひざ関節に外股角度を作り、ひざ関節の軟骨に負担をかけるので注意が必要です。いずれは変形性膝関節症になって歩けなくなります。歩くときには意識をして、ひざをまっすぐ前方に送って歩くことが大切です。

ついでに、胡坐座りもひざ関節に外股角度を作りますので、畳部屋や板の間などで座る必要があるときには座椅子を使うことをお勧めします。

歩幅を無理なく広く取るには、歩く姿勢とともに、股関節と足裏スジの柔軟性が重要です。立位伸膝前屈、座位伸膝前屈、立位開脚前屈、座位開脚前屈、或いは足を前後に大きく開いて前のひざを曲げ、腰を沈めるストレッチを左右交互に行います。

股関節のストレッチングには、座位にて足の裏を合わせて前屈するストレッチもありますが、これは、ひざに外股角度をつくり、シニアの潜在的変形性膝関節症を悪化させるのでお勧めできません。このストレッチは若い人向けです。

外反母趾は、ハイヒールを愛好する女性のイメージですが、男女を問わず加齢とともに発症するそうです。所謂、加齢現象だというのです。特に、偏平足の人には多いそうです。外反母趾は、足底のアーチが崩れて足のいたるところが痛みます。対策としては、足関節のストレッチング、足指のグー・パーと足首の捻転です。

足首の捻転は、グー・パーのあと、パーをしながら内側と外側に捻転します。足をグーで10秒、パーで10秒、内側捻転で10秒、外側捻転で10秒を3セット、座位にて伸膝前屈や開脚前屈などを交えながら行います。これを朝と夕に行います。

外反母趾改善のトレーニングには、足関節のストレッチングに加えて足指の筋トレが重要です。普段の歩行やウオーキング、スロージョギングでは、足指に力を込めて足指で地面をつかむというイメージで歩きます。もっといえば、足底にアーチを作るイメージで歩きます。足把持力が強化されます。

私は、60代になってから外反母趾に苦しみました。この足指筋トレのおかげで、今では足の痛みが寛解しました。今でも、日常的な歩行やウオーキング、スロージョギングの時はこの足指筋トレを欠かしません。

私の病歴

私は、多くの病気を抱えています。

40歳の人間ドックで、胃に直径1㎝ほどの異形成細胞群（dysplasia）というものが見つかりました。放っておくと癌になるというのです。胃内視鏡で経過観察することになりました。未だに、癌にはならず経過観察中です。中性脂肪も４００を超えていて、このまま放置したら早死にしますよといわれました。原因は、アルコールです。

そして、平成5年、51歳の春に事業を起業して、翌々年春、胃潰瘍を発症したので、強力な胃酸分泌抑制剤を長期間服用しました。その効果は期待以上で、日々、胃の不快な症状から解放されてくすりの恩恵に感謝していました。ところが、この強力な胃酸分泌抑制剤を安易に長期服用したことでとんでもないことになりました。

平成8年、55歳の秋、ベーカー嚢腫と関節リウマチを発症しました。これ等の病気は、自己免疫疾患といわれます。強力な胃酸分泌抑制剤を長期服用したことで、腸内細菌叢が乱れて自己免疫疾患を発症したのです。最近、腸内細菌叢と自己免疫疾患の研究が進んだことで分かりました。ベーカー嚢腫は、膝窩部でクッションの役割をしている微小の粒子が融合して袋状になりこれが静脈を圧迫して激烈な痛みを発症します。

ベーカー嚢腫は三楽病院で除去しましたが、関節リウマチは、免疫抑制剤のプレドニン錠5㎎とメソトレキセート錠2・5㎎の漸減療法で、2ヶ月ほどで終了し寛解しました。当時、帝京大学第一内科の免疫学で有名な松田重三先生に受診しました。漸減療法というのは、初めに大量投与して2回目、3回目と漸減する方法です。

それから8年後、手首と足首が腫れて関節リウマチが再発しました。その時は、他院で受診しプレドニゾロン錠1㎎の低用量療法を選択しました。主治医も私も低用量という言葉で副作用の注意を怠ったため、糖尿病と間質性肺炎（現在経過観察中）になりました。薬の副作用による症状は、その薬の使用を止めればもとに戻ることが多いのですが、免疫抑制剤によるこれら副作用は服薬を中止してももとには戻らないのです。

その後も長い間、たびたび、関節リウマチが活発化して足首に痛みを生じて歩くのもつらい状況がありましたが、副作用を恐れて薬の服用を避けていました。1年ほど前に、セレコックス100㎎という鎮痛薬が比較的副作用が少ないことが解かり、今は、朝夕のセレコックス単独服薬で関節リウマチをコントロールしています。

中学時代に体操部の練習でひざ関節を痛め、その後、長らく後遺症に苦しみましたが、就職したゼリア新薬工業のコンドロイチンのおかげで回復していました。ところが、関節リウマチの発症で、ひざ関節の後遺症による痛みが40年も経ってから復活しました。中学時代の関節炎の後遺症に加えて、加齢と関節リウマチによる複合的なひざ関節の変形で、私のひざは悲惨な状況になりました。

平成31年1月、ある大学病院で右ひざの人工膝関節置換術という手術を受けました。手術後の経過が思わしくなく、普段の歩行や階段の上り下りにひざが痛むので痛む方の右足をかばっている内に今度は反対側の左足のひざが痛むようになりました。

もともと、左ひざにも潜在的な変形性膝関節症があったと思われます。夜間痛（夜間の安静時に起きる強い痛み）も激しくなったので手術を覚悟しました。しかし、前回、手術前に補助的に行っていたストレッチをもう一度試してみることにしました。

そのストレッチとは、座位にて足を前に投げ出し後方を手で支え、痛む方の左の下腿を外側後方（できるだけ太腿に引き寄せる）に出して60秒ほど後ろに軽く荷重をかけます。学生時代、クラブ活動でおなじみのひざのストレッチです。朝と夕、これを3～5セット繰り返します。

このストレッチは、ひざの内股角度を持続することによってひざの関節液（滑液）を軟骨損傷部へ移行する、つまり、ひざの軟骨環境を整えることが目的です。整形外科で行われている足底板療法と真向法第四体操と整骨院での施術からヒントを得て考えたストレッチです。大切なことは無理なく時間をかけて行うことです。

このストレッチングが大変に効果的で、今現在はひざに痛みはありません。日課にしている3～4㎞のウオーキングも支障なく継続しています。

若いころ、27歳の札幌勤務時代、国道36号線の恵庭でクルマの追突事故を受けました。交差点での激しい玉突き事故でした。60歳を過ぎて右手の指がしびれるようになったので、ある大学でMRI検査を受けたところ、頸椎の変形と診断されました。追突事故の後遺症に加齢による変形症が加わって椎間板が潰れていました。

それ以降、数年間隔でしびれと痛みのいやな症状が出て年々ひどくなります。今では、腕から肩、背中にかけて、激烈な凝りとしびれと痛みの発作が十数秒間続きます。姿勢を正して、痛みを我慢してやり過ごすこと1～2ヶ月で症状が自然寛解します。

変形性頸椎症の特徴に平衡機能障害（ふらつき）があり、今、私にはふらつきがあります。体幹と腸腰筋を鍛えることでふらつきを克服しようと頑張っています。

シニアの腸腰筋強化トレーニングにはいろいろあると思いますが、私の場合、腿上げ運動と傾斜腹筋台を使っての腹筋トレーニングです。腹筋運動は腹筋と腸腰筋を鍛えるのに効果があります。特に、腹筋トレーニングをする際には腸腰筋を意識して行います。菊池体操で有名な菊池和子さんによりますと、鍛えたい筋肉を意識してトレーニングするのが大切だそうです。

私は、左ひざの変形性膝関節症、変形性頸椎症、関節リウマチ、外反母趾、糖尿病、高中性脂肪症そして間質性肺炎と胃異形成細胞群（この二つは現在経過観察中）と多くの病気を抱えています。健康対策として、毎日、体重管理とストレッチング、筋トレ、ウオーキング、スロージョギングに取り組んでいます。

今の時代は、医療の進歩とともに薬が良くなったことで病気を管理する上で随分と助けられています。ただ、薬の使い方については、神経質なくらいに注意を払って、主治医、薬剤師によく相談して服用することが大切です。

第五章　閑話休題　私の人生雑記帳より

終戦75周年記念日に思う

令和2年8月15日、終戦75周年の日、ＮＨＫスペシャル「忘れられた戦後補償」が放映されました。ＮＨＫの徹底取材にもとづいた特別番組です。

様々な検証がなされた戦後問題ですが、これまで目が向けられなかった空白の領域があるというのです。それは、日本民間人への戦後補償だといいます。私は、日本は戦争に負けたので、日本人が受けた様々な戦争被害は仕方がないことだと思っていました。ですから、今回のＮＨＫスペシャルの放映に大きな衝撃を受けたのです。

国家総動員法（戦争を遂行するため、人的物的すべての権限を政府が議会の審議をすることなく、一元的に勅令などによって執行統制できる法律）を制定して戦った太平洋戦争では、３１０万人の日本人が命を落としました。そのうち80万人は戦争への協力を求められた一般人だったそうです。

敗戦によって海外日本人財産を連合国の手に委ねることを認めた日本は、サンフランシスコ講和条約で、新憲法に基づいて在外日本人引揚者の財産を補償しなければならないことになりました。ところが、当時の政府は、講和条約を締結した後になって、これを認めれば他の民間日本人の被害補償（全国の空襲被害者、沖縄戦被害者、旧満州、樺太などの海外居留の民間引揚者など）の道を拓くことになり認められないとしました。

つまり、パンドラの箱の蓋は開けられないとしたのです。

私の父母も母の弟家族も、海外に資産を残して帰国していました。父母は、祖父の家督を相続して朝鮮全羅北道井邑郡井州で日本人地主をしていました。母の弟の古川順助は、満州吉林で理髪店、「調髪エビス」を経営していました。

また、ＧＨＱは軍国主義の温床になるとして、軍人恩給などの支給を廃止する措置をしました。しかし、講和条約締結後、政府は直ちにこれを復活しました。

軍人・軍属には、恩給に代わって、莫大な年金・給付金が手当てされました。しかも、ＮＨＫスペシャルは、その年金・給付金にも年々新たな給付名目が加わって増額措置がはかられ、その給付金累計は60兆円にも達すると報告したのです。

更に当初、戦犯には年金・給付金は支給しないことになっていました。政府は、この約束事も反故にして戦犯にも年金を支給することにしたのです。A級戦犯東条英機の遺族は、今の貨幣価値で1千万円以上の年金を受けたそうです。番組で紹介された一般将兵の遺族年金は、今の貨幣価値で75万円だったそうです。100歳を超えたその遺族である配偶者は、「夫の命の引き換えがこれだちゅうことです」と嘆きました。

当時の厚生省は、元内務省の一局（衛生局）であったという関係から、軍の関係者が横滑りで配属されました。厚生省は、所轄官庁として軍人・軍属の戦没者遺族の会、日本遺族厚生連盟（その後日本遺族会）の組織化を進めました。その日本遺族会の事務局長には、日中戦争を引き起こしたA級戦犯板垣征四郎の長男、板垣正氏が務めるという、まるで自作自演の軍関係者だけの戦後補償になったのです。

政府は、同じ日本国民である海外居留の民間引揚者や空襲による戦争被災者、沖縄戦被災者など多くの民間被害者への補償・支援策については、民主国家としては考えられない「受忍」という理屈を盾に最後まで拒否し続けたのです。

一方で、同じ敗戦国のドイツ、イタリアでは、敗戦による国民の在外資産や国内資産の損失、空襲による被災補償も軍人・軍属との差別なく法律によって補償されました。

その理由は、「政治は民主主義に基づくもの」との思想からでした。特に、イタリアは、財政基盤が脆弱で財政に問題を抱えながらの実施でした。

1968年、日本は高度経済成長を成し遂げ、資本主義国家世界第2位の経済大国になりました。それでも、政府は民間の戦後補償に向き合うことはありませんでした。テレビの映像を観ながら、日本は民主主義国家ではなかったのかと悲しい気持ちになりました。それよりも、戦争によって障害を受け、苦しい生活をしている多くの人たちに何の手も差し伸べようとしない国家権力に嫌悪感さえ覚えました。

政府のみならず、国会も民間の戦後補償の14の法案を否決しました。勿論、政権側の議員による反対票で廃案になったのです。裁判所も、「受忍」という都合のよい概念を作りあげて様々な団体からの訴状を退けました。日本の司法は、今も昔も政権寄りで、民主主義国家としての三権分立が確立されているとはいえません。

日本の政府も議会も司法も、ドイツ・イタリアの戦後補償の政策を知る立場にありながら、これを無視して、「受忍」を押し付けて国民への補償を拒否し続けたのです。「受忍」を掲げるなら軍人・軍属の遺族も受忍しなければならないはずです。

ＮＨＫスペシャルでは、空襲によって子供の時に片足を奪われた3人の女性、両足に障害を残して歩行ができなくなった1人の男性の現状を映し出していました。

1人の女性は、足の部分に墨を塗った小学校卒業記念の写真を見ながら「写真を黒く塗っているのは足がないからです。足を失ってから、今まで一度も楽しいと思ったことがありません」と話していました。もう1人の女性は、今でも、義足の装着部にマメができてつらいと話していました。歩けなくなった男性は、奥さんの腰に手を回して引きずられて移動する様子を紹介していました。奥さんも高齢で介助が難しい様子でした。この人たちには何の補償も支援もないのです。

空襲で顔面にひどい火傷を負った女性は、戦災補償を求める地域活動のリーダーでした。足を無くした女性からすれば、気丈で足は長くてスタイルが抜群なその女性は憧れの先輩でした。長い間、一緒に活動してきたある日、突然憧れの先輩は自殺しました。戦争被害者への冷たい処遇に、将来の夢を持てなくなったのでしょうか?

ひるがえって、軍人・軍属への手厚すぎるとも思える給付金・年金は、一体何だろうと考え込んでしまいました。NHKスペシャルでは、ことある毎に軍人・軍属の給付金が増額されていく年譜とグラフを紹介していました。

厚生省所管の日本遺族厚生連盟は、後に、一般財団法人日本遺族会になりました。各都道府県市町村には支部を組織して、125万世帯の巨大な全国ネットワーク組織になりました。そして、時の政権を支持する政治組織として政治的にも巨大な力を持ったのです。初代事務局長の板垣正氏をはじめ、組織の者がその組織をバックに国会議員になって、日本遺族会の力をますます強固なものにしました。

証人としてインタビューを受けた元政府高官の1人は、「結局は、組織力ですよ」、大きな組織をバックに陳情されれば政府も動きます。「政治家にもいいのですよ」、そこには組織化された莫大な選挙民がいるのです。

国会議員が、近隣諸国の反感を押して靖国神社に参拝するのも、日本遺族会が莫大な票を生む組織だからに外なりません。戦後の日本の政治は、ここでも民主主義が生かされなかったのです。権力への憤りとともに、せめて、軍関係遺族への60兆円の何分の一でも民間人の戦後補償に当てて欲しかったという無念の思いが残りました。

しかも、日本遺族会に給付金・年金60兆円をばらまいていた同じ時期に、政府と厚生省は、公的年金の莫大な積立金を都合のいいように無駄使いし流用していたのです。厚生省は、日本の歴史の中で永久に消えることのない汚点を残しました。

テレビ画面には、故林家三平さんの奥さん海老名香葉子さんが映し出されていました。

海老名さんは、東京大空襲の11歳のとき、両親をはじめ家族6人を失いました。11歳で孤児になった海老名さんは、家族は自宅近くで命を落としたと聞いていたので、戦後の混乱の中、家族の足取りを探し続けたそうです。海老名さんたち被害者は、遺骨の調査だけでもして欲しいと国や東京都に訴え続けてきましたが叶わなかったのです。

国にも東京都にも、歩いて歩いてお願いに回っても何の協力も得られなかった海老名さんは、「お役人様はダメだと思いました。あきらめました」と肩を落としました。

永田町の衆議院会館の前では、毎週木曜日になると防空頭巾をかぶった高齢のご婦人が、空襲被災者への救済立法を嘆願する訴えを呼び掛けています。前を歩く通行人の誰も関心を寄せず通り過ぎていきます。ここでは、戦後はまだ終わっていないのです。今も、このような風景が残っていることは悲しいことです。

NHKスペシャルでは、日本遺族会という巨大組織と空襲被害を受けて障害者となった方々や海老名さん、防空頭巾をかぶって署名を求める高齢のご婦人を対比して訴えかけるものがありました。

同期同級生

私の小中学校時代の男性同期生が、私を含めて首都圏内に4人住んでいます。この4人が、40代の頃から定期的に集まって食事会をするようになりました。私の同期生は、ほとんど名古屋圏に住んでいますが、たまたま、優秀なこの3人の同期生は、最後まで首都圏で活躍して名古屋に帰る時期を逸してしまいました。

1人は、筑波大学臨床医学系循環器内科の教授になり、その後病院長をつとめました。彼は、父親が町の内科開業医師でお坊ちゃん育ちですが、腕っぷしが強く何をするにもお山の大将でした。小学校の頃は、相撲の学年チャンピオンで誰も適う者がいません。足も速く、運動会の地域別リレーでは、6年間、学年代表に選ばれました。彼が走れば、必ず何人かは抜き去るので町のスター的存在でした。中学時代から柔道を始め、高校時代には全国大会団体戦で三連覇を果たした猛者です。子供の頃は、ヤンチャ坊ちゃんでしたが、仕事で30年ぶりに会ったときは、筑波大学循環器内科の助教授をしていて、そのころは、性格も穏やかで周りに気を配る紳士に変貌していました。

1人は、大手銀行の本店部長からグループの大手企業に転出し副社長になりました。

彼は、どちらかといえば秀才タイプで、中学時代は化学部で活躍しましたがスポーツとは関わりなく過ごしました。性格はおとなしく色白で優しいタイプです。高校も大学も一流中の一流に進学し、日本で一、二を争う大手銀行（現在のメガバンク）に就職しました。酒がまわると、貧乏だった子供のころの話になり、「家が貧乏だったから修学旅行にも行けなかった」と、感情が昂ぶり涙するのが彼の酒ぐせです。父親が早世したので、長兄が父親代わりになって2人の弟を大学卒業まで物心ともに支援しました。

最後の1人は、大手グローバル企業の本社部長です。彼が就職した会社は、当時の先進的な技術に取り組み急成長をとげて世界的な企業になりました。彼は、創業の社長に可愛がられ、一時は次期社長候補にも挙げられたそうです。丁度そのころ、私の行きつけの銀座のバーで偶然に会ったのです。子供のころの彼は、体質的に虚弱だったのでスポーツとは無縁でした。性格は控えめで、同級生とも積極的に交わることはありませんでした。お母さんが大変な美人だったことを覚えています。

この同期生が集まると、元副社長と元部長が会話の主導権をにぎって、2人が、相手の話をさえぎる勢いで丁々発止と論じ合うので、元教授が2人の間に入って行司役を務めます。あの色白でおとなしかった2人が、世の中の荒海を航海している間に大変たくましくなりました。あのひ弱だった元部長は、体つきも顔つきも精悍な別人に変わっていました。人間は、年齢とともに変貌するものだとつくづく思いました。

私の瑞陵高校時代の同級生に三宅養三君がいます。瑞陵高校は、外交官杉浦千畝さん、推理小説家江戸川乱歩さん、経済学者で一橋大学長を務めた都留重人さんなど幾多の偉人・著名人を輩出しています。三宅君は、その先輩たちに肩を並べるほどの偉大な人物です。いずれは、瑞陵高校出身の著名人に登録されるはずです。

私と三宅君は、高3で同じクラスになりました。三宅君は、名古屋で有名な三宅眼科病院の御曹司ですが、同級生は、ほとんどそのことを知りませんでした。その上、三宅君は早生まれだったので、同級生の中では少し幼いところがあり性格もおとなしかったので、余り目立った存在ではなかったのです。

私たちの高3の秋に伊勢湾台風がありました。名古屋の中でも比較的南部から通う生徒が多い瑞陵高校は、伊勢湾台風の影響を強く受けました。生徒の中には被災した者が多く、3か月ほどはまともに授業ができませんでした。

私の家も大きな被害を受けましたが、クラスのみんなが被害の大きい南区のボランティアに行くというので私も一緒にボランティアしました。あのときは、集団心理というのでしょうか、自分のことはさておき何かをしなければという思いでした。

そんな年だったので、この年は、浪人して大学に入学する一浪組が多かったのです。三宅君もその1人で、一浪して名古屋大学医学部に入学しました。彼は早生まれだったので、その後、他の現役組同期生と同じ年回りになりました。

名古屋大学医学部を卒業して眼科医局に入局した三宅君は、1976年にハーバード大学に留学しました。彼が、本来持っている天性の探求心が花開いたのはそのころからです。当時、眼科領域で未解明領域であった網膜、その中でも最も重要な黄斑部の研究に没頭し、その後、次から次へと網膜疾患の解明に成功しました。

そして、1997年、三宅君は名古屋大学医学部眼科学教授になりました。その後も、彼の研究意欲は衰えることはありませんでした。次々に輝かしい成果を挙げるとともに、数々の名誉ある国際的学術賞を受けるという栄誉にも浴しました。

網膜疾患の診断方法の研究開発、新しい数々の網膜疾患の発見、それに続くその疾患の責任遺伝子の発見、更に、これらの治療方法の開発という一領域の疾患をノンストップで完結的に解決するという偉業は、それまでの医学界に例のない奇跡的な成果でした。これ等を、三宅研究グループ単独で完成させたというのも世界に例がありません。

彼が発見して究明した網膜の病気の一つが、三宅病「MIYAKE DISEASE」と命名されました。三宅病は、厚労省の指定難病に加えられ国際的な病名になりました。今では、三宅病は世界でも多く見られることが判明し、国際的な共同研究が進められています。

更に、三宅君に因んだ学術賞「MIYAKE MEDAL」が創設され、毎年、日本で最も優秀な網膜研究をした研究者に与えられているのです。視力を失うことは、人生にとってQOL（GUARITY OF LIFE）を大きく損なう一大事です。白内障はほぼ解決され、残されたのが網膜疾患でした。三宅君の仕事は、人類に貢献する偉業だったのです。

瑞陵高校卒業同期の者が、関東に二十数名住んでいます。卒後50周年を機会に、そのうちの十数名が、毎年1回、東京瑞陵高校同期会で集まります。三宅君は、仕事で月に2、3度は上京するので東京瑞陵高校同期会の常連になっていました。

その時は、名古屋大の教授を退官していて、愛知医科大学の理事長をしていたので、只者ではないとは思っていました。平成30年の春、他の同期生から、三宅君がｉＰＳ細胞を用いた網膜再生医療で有名な理研の「神戸アイセンター NEXT VISION」の理事長に招聘されたと聞いて、ますます、只者ではないと思い彼のことを調べたのです。

私は、世の中で最もやりがいがあって価値ある仕事は、「世のため人のため」になる仕事だと思っています。彼は、まさに、世界のため人類のための仕事をしたのです。

まさか、身近な私の同級生に、こんな偉大な学者がいるとは思ってもいませんでした。そんな三宅君が同席するならと、今では同期会開催に際しては、私たちにためになる医学情報の三宅報告会をしてもらうことになっています。

働くこと

ソクラテスの時代は働くことは「苦」でした。古代ギリシャでは、働くということは奴隷として働くという社会だったのです。農作業はもとより、家を造ったり道具を作ったり、場合によっては重要な書類を作るような高い知識を必要とする仕事も奴隷と同じ低い階層として扱われました。ソクラテスが、「生きるために食べるべきで、食べるために生きるべきでない」といった言葉は有名です。

キリストは、「パンのみにて生きるにあらず」といいました。

新約聖書には、「働こうとしないものは食べるべきではない」という言葉があるそうです。働くという価値観は、時代とともに変化しました。現代では、天職とか適職という言葉もあるように、働くことは価値あることと考えられています。

しかし、今の日本では、143万人もの人たちが派遣労働者として働いていて、その人たちは、働くことが「苦」であると感じています。まるで、古代ギリシャに戻ったかのようです。143万人は、政令市さいたま市の人口総数より多いのです。

戦後の日本では、全ての国民が、敗戦で焦土となった日本の復興を夢見て働きました。日本の大多数の勤労者は、日本の復興という夢を持って同じ価値観を共有して働いたので、日本は豊かになり、一億総中流社会になりました。

昭和60年（1985年）9月、アメリカのドル高不況に対して日米欧が協調して為替調整（プラザ合意、その後ルーブル合意）を行いました。中でも、米国が、巨額な貿易赤字（日米貿易摩擦）を抱えていた日本には、過大な為替調整を要求したので思った以上の円高になり、その後、日本の輸出産業が円高不況になったといわれました。

閑話休題、購買力平価について少し寄り道します。

翌年、昭和61年9月、プラザ合意の1年後、私は、米国薬業研修視察団の一員として米国各地を訪問しました。「ジャパン・アズ・ナンバーワン」といわれていたころです。

そのときのドル円為替レートは1$＝150円でしたが、日本生産性本部の随行員の話では、「買い物をするときは、1＄＝100円と思って買い物をして下さい」といいました。彼は、購買力平価のことをいっているのです。

普段の国際間取引には為替相場が用いられますが、為替相場は必ずしも等価をあらわす指標ではありません。当事国の信用度や当事国通貨とドルの需要と供給、当事国の為替政策など複雑な要素で決まるのが為替相場です。当時のドル円為替相場は、1＄＝150円でしたが、随行員のいう購買力平価は、1＄＝100円だったのです。

購買力平価について説明します。マクドナルドのビックマックは米国では5・67＄で売られていますが、日本では390円です。この場合の購買力平価は390円／5・67＄で1＄＝68・8円ということになります。米国では、今、ラーメンが大ブームです。ラーメンは、米国では平均15＄です。日本で同じものが900円だとしますと、購買力平価は900円／15＄で1＄＝60円ということになるのです。

このような計算を、分野ごとに算出して合算すれば購買力平価が算出可能です。但し、どの国も購買力平価を実際に計算して公表している国はありません。

購買力平価は等価を示すもので、「本来あるべき為替相場」と見ることができます。

その翌年、私が親しくしていたある大学の教授の教え子で、日銀に勤務している若手と3人で食事をする機会がありました。私が、購買力平価という概念をどう考えているかと聞いてみたところ、我が意を得たとばかりに、「世間は円高円高と騒いでいますが、購買力平価からすれば決して円高ではありませんよね」といっていました。やはり、日銀でも、購買力平価の認識は生きているのだと確認することができました。

２０２０年10月現在、為替相場は、１＄＝１０５円前後ですが、購買力平価は１＄＝65円前後だといわれています。どの国の貨幣も、ドルを基準に為替相場で交換されるので諸外国からは円がとても安く感じられます。諸外国からは、今の日本の観光は安い観光として大人気です。それで、各国から日本に観光客が押し寄せてくるのです。

つまり、今は、空前の超円安です。日本は、失われた20年以来、物価が下がり続けました。アメリカは、その間、リーマンショックの一時期を除き好景気が続き物価が上昇しました。その差が現在の円ドルギャップになったというのが経済通の見方です。

今、日本の小売価格が、１０００円で販売されている産品をアメリカで販売する場合は、アメリカでの小売り価格は、購買力平価を参考にして決定されます。購買力平価が１＄＝66・６円だとすればこの商品の小売想定価格は15＄になります。

一方、輸出価格は、為替相場で決済されます。為替相場が１＄＝１０５円だとすると、

1000円の当該産品の小売為替価格は9・5$になり、更に、卸売為替価格は、小売為替価格の3〜4割安い価格になるので、その差益は、8・35〜9・3ドルにもなり、現地事業者の輸送コストを除いた総利益率は、55・6%〜62・0%となります。これは大変高い利益率となり買う側には大きなメリットになります。

円安は、買い手が儲かる取引として輸出するには有利ですが、その反面、国富を損失していることになります。外国から原料や資源を輸入する場合は、高い価格で買うことになりここでも国富を損失しているのです。最終的に、国富の損失は、企業の生産性向上努力とともに勤労者の賃金抑制で帳尻を合わせることになります。

話をもとに戻します。

日本が円高不況（実際には円高とはいえなかった）になり、今度は、日銀が景気対策として積極的な低金利政策をとったので、市中にお金が大量にあふれてバブル経済になりました。土地神話という現象が生まれてバブル経済が行き過ぎたので、今度は、資金の総量規制に踏み切りバブル経済がはじけました。そして、失われた20年（失われた30年とも）が続いたのです。まさに、不適切極まりない経済政策でした。

第2次小泉政権下で、竹中平蔵氏などが、企業が安く労働力を調達できるように労働者派遣法の改悪をしました。このころから日本がおかしくなりました。竹中平蔵氏は、派遣業の利益を最大化しておいて自らは派遣業界の大手パソナの会長に収まり高額な年俸を得ているのです。竹中平蔵氏は派遣業パソナ、否、自己のために働いたのです。

今では、竹中平蔵氏は政商と呼ばれています。小泉政権と竹中平蔵氏は、後世に消すことのできない「負の遺産」を残しました。

一億総中流社会から格差社会の時代になり、貧富の格差が社会問題になりました。平成20年12月、リーマンショックの時、日本中で１００万人ともいわれる派遣労働者が、１枚のはがきで派遣切りに会い、仕事と住まいを追われて年末の寒空に放り出されたのです。大勢の派遣切り労働者と支援者たちは、日比谷公園に集まり共に暖を取り炊き出しの食事を囲んで抗議の声を上げました。

そして、令和２年、今度は、新型コロナ禍が発生し派遣切りが繰り返されました。

このような、政治によって起きた貧困問題は政治によって解決しなければなりません。今までの失政を挽回するためにも、政府は積極的に富の再配分を政策に取り入れるべきです。特に、教育の無償化は格差社会の是正のみならず、持続可能な安定社会を構築する上で必須で基本的な政策です。

令和2年4月より大学、短期大学、高等専門学校、専門学校を対象に低所得家庭の教育費の減免・支援などの施策が始まりました。今回は、消費税の一部をこれら施策の原資に当てるということで、低所得家庭子弟への限定的な福祉政策になりました。本来、教育の無償化は、社会が能力と意欲のある若者を教育・育成するための施策なので親の所得に関わらず行う普遍的な政策でなければならないのです。

2017年、日本の労働分配率は、戦後最低の60％（日銀方式）に達しました。派遣労働者をはじめ勤労者の賃金が抑えられた結果です。加えて、超円安に支えられて企業の業績が順調に推移しました。その結果、日本の企業内部留保は400兆円も溜まりました。企業は、利益をため込んで社会や勤労者には還元しなかったのです。

このことは、企業は税制など強制力がなければ社会還元をしないということを証明しました。ウルグアイの第40代大統領ホセ・ムスカが、『私たちが「お金が足りない」などというのは、お金を出して解決できる人に要求ができず、また、そうさせることもできない政治的意気地なしだからです』といったように政治の問題です。政治が、大企業や富裕層から国造りのための税金を徴収しなければ話が始まりません。

100年ライフを目の前にして、適正な富の再配分可能な税制を敷くことによって北欧のような効果的な高等教育無償化政策が実現することを期待したいのです。

働き方についても、勤労者が安心して働ける法律を作るべきです。安心で安定的な国造りを目指すのが政治の仕事のはずです。今のような労働者派遣がなされている間は、派遣労働者にとって、日本は世界で最も不幸な国なのです。

働くことは、つらいこともあり、楽しいこともあり、喜びもあり、人間の感性を育てるという人間形成の基本です。人は、働くことで人間として成長してきました。日本人の全てが、夢と希望をもって働くという日本を取り戻したいと願っています。

新型コロナ禍の中で

令和1年（2019年）12月、中国湖北省武漢市の海鮮市場を感染源とする新型コロナウイルスが大感染を引き起こし、あっという間に世界中に伝播しました。この武漢ウイルス感染症は、COVID19と命名されました。

武漢市には、多くの日本企業が進出していて、翌年には、駐在員の帰国やイギリス国籍の大型クルーズ船で感染が発生して横浜港で対応するなど、日本国内にも感染が持ち込まれました。2月には、毎日のように感染情報が報道され、3月には、緊急事態宣言とともに、突然、春休みまでの全国小中学校の臨時休校が実施されました。

これに合わせて、地域のコミュニティー活動もお休みとなり、地域の公民館や自治会館などが一斉休館になりました。私たちの健康長寿会の本拠地である「健康長寿館」（さいたま市緑区東浦和9丁目にある東浦和クリニックプラザに併設したコミュニティー広場）も休館せざるを得なくなりました。それから半年、日本の新型コロナ禍は一向に収まる気配がなく、令和2年8月28日現在、日本の新型コロナ感染者は、累計6万6600人にのぼり、何時終息するか先の見えない状況が続いています。

地域のお年寄りにとっては、家に閉じこもってコミュニティー活動の「通いの場」もなくなり、精神的にも身体的にも不調をきたすことが問題になりました。

市の高齢福祉課関係者は、新型コロナに適切に対応しながら高齢者の通いの場を再開してほしいというのが本音です。保健所関係者は、どちらかといえば感染に敏感で感染予防対策に力点を置いています。公民館は、市の教育委員会の管轄で意外に感染対策にはおおらかです。公民館のコミュニティー活動は7月中旬に再開されました。

このように、同じ市でも行政は縦割りで部署によって対応が違ってきます。社会全体から見れば、感染対策をしっかり行いながら社会活動を回すというコンセンサスができつつあります。9月、10月に入って、その傾向がはっきりしてきました。

3月から9月、10月の長期間、本当に忍耐強い閉じこもりの生活をしました。一番不安なのが運動不足です。ご近所のシニアの皆さんが、ウオーキングやジョギングをしているのを見て、私も5月からウオーキングを始めました。脚力が弱くなっていたので、初めはとにかく体にこたえました。30分ほどのウオーキングでも終盤はフラフラになって息づかいもはーはーぜーぜーと荒くなります。

私のウオーキングは、夏の期間は夕方の5時頃から始めます。それまでは、ほとんど読書と執筆に当てています。この長い自由時間があったおかげで、この本を書き上げることができそうです。今までの人生で、これだけの自由時間を持ったのは初めてです。

街を観察していますと、商売にも二極分化が見て取れます。レストランや開業クリニックでは空席が目立ちますが、テイクアウトの「マクドナルド」や「ケンタッキーフライドチキン・ドライブスルー」、お弁当の「ほっともっと」では、普段の倍以上のお客が並んでいます。「ケンタッキーフライドチキン・ドライブスルー」には、2人の交通整理アルバイトが忙しそうに働いていました。これまでにない光景です。

私は、「ほっともっと」のロースかつ丼が好物で電話注文してたびたび買いに行きますが、殆どのお客さんは、3人分、4人分とまとめて持ち帰ります。お昼どきや夕方には30人~40人ほどのお客が来店しますが、実際には、1日、百数十人分~二百数十人分のお弁当を販売していることが解かります。

私の家の近くには、3軒のスーパーマーケットと3軒のドラッグストアがあります。4月以降は徐々にお客が増えて、7月にはパーキングが慢性的に満車状況になりました。さいたま市のような郊外都市では、東京都市部のような激烈な変化はありませんが、程度の違いはあっても悲喜こもごものドラマがあるのです。

新型コロナ禍によって、日常の感染予防対策が徹底されるようになりました。副次的な効果として、インフルエンザが影を潜めました。私も、外出したら必ず、今まで以上に手洗いうがいなど衛生対策を励行するようになりました。

戸外では、三蜜を避け、マスクと手のアルコール消毒を徹底し、大声で話さないなど、新型コロナ予防対策は私たちにとって大切です。しかし、将来にわたって過剰な感染対策(キレイキレイ生活)が続くことには懸念を持っています。

私たちは、生活周辺をはじめ皮膚や口腔内、鼻腔内、消化管に至るまで千数百種類もの常在菌とともに暮らしています。これら常在菌のおかげで皮膚や口腔、鼻腔の健康を保ち、免疫力を得て外界からの侵襲を防いでいるのです。

一時期、育児本などが、子育て用品の過剰な滅菌消毒と日常の行き過ぎたキレイキレイ生活を推奨したために、子供のアトピー性皮膚炎が蔓延しました。アトピー性皮膚炎は、長女、長男に多く下の子供には少ないという傾向があります。お母さんが、初めての子供をキレイキレイで大切に育て過ぎたからです。お母さんは、二番目からは、子育てもアバウトになります。それで、下の子供はアトピー性皮膚炎を免れました。

私は、以前、免疫で有名な藤田紘一郎先生のお話を聞いてからは、人間にとって、常在菌との付き合いがいかに大切なものかを知りました。行き過ぎたキレイキレイ生活は、必ずしも人間に幸せをもたらさないことを教えられたのです。

昔のSF映画で、宇宙人が地球を征服するために攻めてきました。前半は、宇宙人の戦力に押されていた地球軍でしたが、最終的には、宇宙人が地球の細菌・ウイルスにやられて敗北するという筋書きでした。宇宙人には常在菌が存在しないので、地球の細菌・ウイルスに対する免疫力や抵抗力がなかったという「落ち」だったのです。

新型コロナ禍の真っただ中、令和2年8月28日、安倍首相が総理辞任の発表をしました。持病の潰瘍性大腸炎が悪化して体調不良であることが理由でした。しかし、不祥事が重なり安倍内閣の支持率が急落していたこと、安倍首相の得意とはいえない感染症対策に自信を失くしていたことも大きな理由だったと思います。

平成18年（2006年）9月、第1次安倍内閣が成立して、翌年8月、第1次安倍改造内閣発足後1年で安倍内閣は退陣しています。この年も、安倍内閣の不祥事が多発し「敵前逃亡内閣」といわれました。しかし、その裏には、安倍さんが若い頃から罹っていた難治性疾患「潰瘍性大腸炎」の悪化による体調不良がありました。

その後、私が長年勤めたゼリア新薬工業が開発した「アサコール」を服用して、潰瘍性大腸炎は寛解しました。アサコールはサリチル酸の誘導体なので、他の類薬（免疫抑制剤）のような目立った副作用がないので使い勝手の良いくすりといわれています。

それもあって、長い間、安倍さんの潰瘍性大腸炎は、適切にコントロールできたのだと思います。しかし、免疫抑制剤を含めてこれらの薬は、病気を根本的に治す薬ではありません。病状を寛解してコントロールするくすりです。残念ながら、自己免疫疾患と呼ばれる病気の原因治療薬は今でも開発されていないのです。

平成24年12月、第2次安倍内閣に返り咲いた後の安倍さんは、世界中を駆け巡り、それまでの日本の歴代首相が誰も成し得なかった積極外交を展開しました。アサコールによって体調を回復したといっても、潰瘍性大腸炎は大変にデリケートな病気でいつ再発・再燃するかも解かりません。そのリスクは承知していたはずです。

体調不良を訴えた安倍さんは、生物学的製剤のレミケード（免疫抑制剤）の点滴を受けたそうですが、「あれは大変きつかった」と副作用のつらさを語っていたといいます。レミケードの点滴を受けたということは、病状が再燃して活動期にあったことを示しています。この時期の安倍さんは、体力的に大変つらかったことが理解できます。

安倍さんの8年間を振り返ってみると、政治的成果は、積極外交以外にも、経済政策、外国人受け入れ政策、女性活躍推進法制など評価が高い一方で、森友問題に続く公文書改ざん事件や加計問題、桜を観る会、黒川元検事長と検察庁法改正案問題など問題も多く、従来の内閣なら総辞職してもおかしくないスキャンダルが多発しました。

安倍さんは、「失われた20年」によって社会的エネルギーが低下した中で、国民の大きな抵抗もなく、何となく乗り切ってきたという幸運がありました。

安倍さんの後任には、菅義偉さんが総理大臣に選ばれました。農家出身の庶民宰相というので、国民の期待が高まりました。ケータイ電話料金の引き下げや縦割り行政の是正、前例主義の是正などの政策表明に「さすが庶民宰相！」とさらに、人気が高まりました。ところが、数日後のあるチャンネル番組で、菅さんが信頼している人物として竹中平蔵氏が司会者から紹介されていました。これには目を疑いました。

もしも、竹中平蔵氏が菅内閣のブレーンになったなら、派遣会社パソナへの一層の利益誘導と、労働者待遇のますますの劣化が心配されます。竹中平蔵氏のベーシックインカム7万円の提言も気になります。ベーシックインカムは、唱える者によってその意図も将来像も違ってきます。多くの国民は、竹中平蔵氏のベーシックインカムは危ういと感じています。菅内閣の将来にも暗い影を感じます。

10月に入ると、日本学術会議の推薦新会員のうち、政府の意向に沿わない6名の推薦者が任命を拒否されるというニュースが新聞テレビを賑わせました。これは、安倍内閣時代からくすぶっていた問題で、安倍さんのご都合主義政治の継承と思われます。

その後の対応も、説明しない隠蔽体質は安倍さん譲りです。国会で内閣府や法制局の役人が質問に対応している姿は、国民から見るとうろん臭くて惨めにも見えます。

同年10月20日発売の菅義偉著改訂版『政治家の覚悟』では、初版本で主張していた「政権があらゆる記録を克明に残すのは当然」と公文書管理の重要性を訴え、旧民主党政権を批判する記述を削除していたことが判明しました。

安倍政権下では、安倍さんとともに不都合な記録や公文書を廃棄したとして、説明しない隠蔽体質を繰り返した菅さんでした。国民からは、このような菅さんは、「やっぱりか」「誠実さがない」から「信用できない菅さん」に見えてきます。

新型コロナ対策の中、菅さんがGO－TOトラベルに頑なにこだわっている姿は、国民の目には二階幹事長の影がちらついて見えます。菅さんには「国民を守る」という覚悟がどこまであるのかが試されています。

戦後、民主主義を軽視することが多かった日本の政治ですが、民主主義をどのように建て直すか、今後の政治運営にはまだまだ予断を許さない不透明さがあります。

第六章　最終章

終活とは

随分前のことですが、周りで「終活」という言葉が出始めたころ、私はその意味が解らなかったので家内に聞いてみました。「死ぬ準備をすることですよ」と聞かされて驚きました。私は、前向きな「人生最終章をかざる活動」くらいに思っていたのです。それ以来、終活を話題にする世の中の風潮に抵抗を感じていました。

身寄りのない天涯孤独な人、高度な進行がんを患った人、心筋梗塞や脳梗塞から生還した人なら終活もあるとは思いますが、いい年になったから死の準備をしなければならないとはどうしても思えません。

死後の相続争いがないように「遺言状」をしたためておくことは必要です。近年は、リビングウイルとして延命医療を拒否する「尊厳死宣言」をする人が多くなりました。

これは、公証人役場で「尊厳死宣言公正証書」を作成すれば有効です。

家族がいる人は、大切なことで伝えておきたいことがあれば予め家族に話しておくことができます。死んだ後のことは、遺言状に書いておけばいいことです。まだ何年も先の死を考えながら生きるというのはどんなものでしょうか？

蓮如上人は、「朝には紅顔有りて夕べには白骨となる」といいました。この世は無常で人の死は予測できないものですが、人は、天寿を全うするまでは希望を持って一生懸命生きることが生を受けた者としての義務です。

今はやりの言葉「断捨離」は、元々お釈迦様の教えの言葉でヨガの行法に取り入れられたのだそうです。人が幸せに生きるための行動思想です。単なる整理整頓、片付け術とは違うのです。ましてや、死ぬ準備のためにすることではありません。

終活は、子供に迷惑をかけないためにするという話もありますが、私は、親が死んだときは子供には大いに迷惑をかけた方が良いと思っています。

わずかでも、親が何がしかの財産を残すという場合は尚更です。残されたものがプレゼントを貰うのに迷惑などあるはずがありません。シニアは、子供への迷惑などという理不尽な想いを持たず、死ぬまで前向きに積極的に生きるべきです。

親が死んだとき、余りに身の回りが片付いていたら、子供たちは死がこんなにも軽いものかと思うでしょう。戦後の日本人の死生観は余りにも軽くなりました。身近に、死と関わったり接したりすることが少なくなったからです。昔の生活の中には、日常的に、ご近所のお年寄りの死や病気で亡くなった小さな子供の死がありました。

近年、自宅で死ぬことが少なくなり、病院で死ぬことが多くなりました。このことが日本人の死生観を軽いものにしました。人は、死ぬときはみな住み慣れた自宅で死にたいのです。病院で死にたいなどとは誰も思ってはいないと思います。

ましてや、人工呼吸器を使ったり、胃瘻や中心静脈栄養で無理やり栄養を注入されたりしてまで延命医療を受けたくはないのです。本人は、意思表示できない状態ですが、本当は、痛くて苦しくて悲しい思いをしているのです。

残された親族は、死と向き合ってどのような葬儀にするかを協議し、葬儀屋を手配し、親戚や親しい人たちへの連絡をしなければなりません。参会者への心配りをし、死者には、長年育ててくれたことに感謝し、安らかな旅立ちを祈り、永遠のお別れをするのです。そして、出棺の時には会葬者へのご挨拶をしなければなりません。

葬儀が終われば、良い葬式だったと感慨にふけりながら、喪中のはがきを出さなければばなりませんし、何軒かの金融機関や年金事務所、区役所などへの届け出もしなければなりません。見取りをしてもらった主治医へのお礼も欠かせません。

これからの時代は、高齢者の死は自宅で看取る時代になります。本来、病院は、病気を治すための施設で見取りをするところではありません。日本では、80％もの人が病院で亡くなっています。これは異常です。日本の死は、先進国の中ではダントツに病院死が多いのです。住み慣れた自宅で、家族や近親者に囲まれて最後を迎えるという、長い旅を終えようとする者に相応しい死でなければなりません。

遺言状と尊厳死宣言

遺言状は書いておくべきものだと思います。私は、75歳で初めて遺言状を書きました。遺言状は、自分の死後の相続のためだけに書くのではありません。それまでの人生の総括をする意味があります。妻とともに努力して築いてきた人生を振り返り、妻に感謝するとともにその先の想いを子供や孫に伝えます。

そして、5年ごとに書き直します。5年という節目が大切です。5年もたつと状況も変わりますし自分の想いも変わってきます。75歳のときは、孫たちへの期待を大きく書きましたが、80歳の今年は、少し抑えて書こうと考えています。孫たちには、人並みな幸せを求めておおらかに生きて欲しいと思うからです。

平成27年の相続大増税改定で、相続税の基礎控除が減額されました。改定相続税では基礎控除が次のようになりました。先ずは、基礎控除を把握しておきます。

基礎控除＝３０００万円＋法定相続人数×６００万円です。法廷相続人数が３人なら、基礎控除額は、４８００万円です。相続資産がこれ以上なら相続税が発生します。

昔は、結婚20年以上の夫婦には、家屋敷の配偶者生前贈与をすると2千万円までは税金がからないというので生前贈与が流行りました。しかし、旧来より小規模宅地（３３０㎡以下）は、最大80％の評価減を得られる上に、平成６年の相続税改定で、配偶者が相続する全財産の1億6千万円までは非課税になったことと、「配偶者居住権」（後述）の新設で、２千万円までの生前贈与の意味はほとんどなくなりました。

資産が基礎控除額より多くても少なくても、遺言状を書く必要はあります。先ず、資産表を作ります。自宅の土地価格は、毎年7月に発表される路線価をもとに計算します。家屋は、固定資産税徴収票に書いてある評価価格が相続資産価格になります。後は、預金通帳の残高を載せます。もし、株式を持っていたら時価を記載します。

　自家用車や高級腕時計、宝石など価値のあるものについては、品名だけを記して、これらは換金して預貯金に加えて遺産分けする旨を書いておきます。

　これ等高額品を、親族や知人の誰かが形見分けとして欲しいという場合には、被相続人の事前承諾か相続人全員の了解があれば形見分け可能です。但し、税務申告をして贈与税を支払う必要があります。時価が110万円以下の場合は贈与税が掛りませんが、110万円を超えて200万円以下なら10%、200万円を超えて400万円以下の場合は、15%（但し、10万円控除あり）の贈与税がかかります。この程度の贈与税なら、受ける側にとっては安い出費です。孫へのいいプレゼントになるかも知れません。

　自家用車の場合は、被相続人が亡くなってから名義変更すると手続きが大変なので、亡くなる前に名義変更しておいた方がよいと思います。

　遺言状の最初には、先ず、妻への感謝を述べます。子供には、残された老妻をいたわり大切にせよといい残します。自分が死ぬころは、子供も既に高齢者か準高齢者になっているので、シニア人生を精一杯養生して長生きするように励まします。孫には、一応、勤勉と努力を発揮して人並みな幸せを求めよとエールを送ります。祖父母というものは、孫の出来がいい悪いに関らず可愛いものです。遺言を書く楽しみの一つです。

そして、妻にはこれを、長男にはこれを、長女にはこれをと遺産分けの内容を記します。ケースによっては、法律で定められている「配偶者居住権」を行使することも指示しておきます。配偶者が、相続後も無償で自宅に住み続けられる権利です。

平成27年の相続税改定条項もありますので、先ずは、専門の税理士に相談して効果的な相続シナリオを考える必要があります。

最後に本遺言の遺言執行者を指名します。先ずは配偶者を指名し、自分の死亡時に配偶者が他界している場合は誰それを指名すると書きます。

遺言状は、自筆遺言状が安心安全です。令和2年7月10日より「自筆証書遺言書保管制度」が施行されました。自筆遺言状の書き方は、ネットでも出版物でも参考にできるものは数多くあります。書き終えたら、所定の申請書とともに管轄の地方法務局に預かってもらいます。遺言者には保管書が交付されるので遺言状を預けたら、必ず、2人以上の相続人にその旨を伝えておきます。遺言状の所在を明らかにしておかないと遺言の執行ができません。遺言者が死亡した時は、遺言執行者かその他の相続人が所管の地方法務局に通知して遺言状を受け取る手続きをしなければなりません。

今回の保管制度には大きなメリットがあります。先ず、手数料以外は無料だということです。公証人役場にお願いすると、ケースによっては随分と高額のお金を請求されます。その上、紛失したり誰かに改ざんされたりする心配もありません。最も大きなメリットは、被相続人の死後、家庭裁判所の「検認手続き」が必要ないことです。相続人には、面倒な検認手続きが省略できることはメリットです。

リビングウイルとして尊厳死宣言をする人が増えています。今迄、日本の終末期の延命医療では胃瘻や人工呼吸器、中心静脈栄養法が頻繁に使われました。

胃瘻は、ＰＥＧ（経皮的内視鏡胃瘻造設術）という手術をして胃瘻にカテーテル（チューブ）を装着して液体の人工栄養を送り込みます。救急医療の短期胃瘻もありますが、大抵は、延命のための長期胃瘻として利用されます。

人工呼吸器は気管切開をして装着します。人工呼吸器は緊急医療にも貢献していますが、延命医療としても使われます。脳死の植物人間にも装着され、社会的な問題になったこともあります。中心静脈栄養は、ＣＶポート埋込み術をしてカテーテルを介して高カロリー輸液を注入します。この方法では細菌感染の管理に注意が必要です。

このように、延命医療には人工的な措置を行いますので、当人にとっては長期にわたって不自然でつらい生活になります。このような実態に、医療や介護の世界から批判の声が上がり世論となって延命医療を拒否する尊厳死宣言が増えたのです。

私の同級生K君は、10年前に夫婦で「尊厳死協会」に入会して尊厳死宣言をしています。尊厳死協会の場合は、毎年更新が必要なので、今は、公証人役場で手続きして更新の必要がない「尊厳死宣言公正証書」を発行してもらったそうです。

尊厳死宣言をする時期については、人それぞれの健康状態や人生観などによって決めることになりますが、余り早すぎると本来の医療の妨げになるかも知れません。多くの人は、終末期の延命医療をイメージして早々と尊厳死宣言をしますが、例えば、救急車で搬送された患者が、体力的に回復の余地が充分にあるのに尊厳死宣言カードを盾に救命措置を拒否したら医師も困るのではないかと心配です。

私は、95歳になったら公証人役場に行って「尊厳死宣言公正証書」を発行してもらうつもりです。それまでは、毎日、健康トレーニングに励むことにします。

終の棲家

終の棲家とは、人生の最後を迎える住まいのことです。本来、人間は、長年暮らした自宅で最期を迎えるのが自然です。戦後は、核家族化が進んで自宅より介護施設が終の棲家になるケースが増えました。その介護施設に問題が山積しています。

施設それぞれに問題を抱えていますが、最も多いのが、職員の定着が不安定で常に職員不足に悩まされていることです。もともと、介護需要の急増で優秀な人材が集まりにくい業界なので、管理職のマネジメントに問題があることが多いのです。

私が関わった開所して7年ほどの特別養護老人ホームでは、施設内の権力争いがあって、施設長の考えが無視され他の人物が影の施設長になっていました。理事長が病気入院していて経営に空白が生じていたのです。このような不統一なマネジメントにやる気を失くした介護職員が次から次へと辞めていくという話を聞きました。

世の中では、介護職の離職は、低賃金が原因だと伝えられていますが他業種に比べて必ずしも賃金水準は低くないとの専門家の指摘もあります。仕事をする上で一番重要なのは、職場風土と職場マネジメントです。２０００年の介護保険制度制定以来、急ごしらえの介護関係従業員が急増しました。十分とはいえない教育システムに加え、まだ歴史の浅い業界には質の良い人材が集まらないという現実があります。

多くの施設では、従業員募集が追い付かないので、人材派遣会社から介護職員を派遣してもらうことになります。中には、施設のほとんどの介護職員が派遣職員という施設もあります。派遣職員の場合、派遣先の業務に不慣れなこと、教育が不十分なことなどで仕事を回すのも大変です。その上、派遣会社が賃金に派遣料を上乗せするので、施設にとっては割高な人件費を支払うことになり経営を圧迫します。運よく、紹介会社から常勤職員を回してもらっても、平均、1人当り100万円もの紹介手数料を支払うことになります。どちらにしても、施設の経営を圧迫することになるのです。

そんな状況なので、入所者1人1人に個別的な介護サービスを提供する時間がなく、定時に一斉におむつ取り換えをするなど、サービスが流れ作業的になります。これは、アメリカでも同じで、少人数で現場を回して効率の良い介護サービスをするのは経営の上でも必要悪とされ、介護の世界では一般的な風潮のようです。

入所者への虐待も増加しています。思い通りに業務が進まないと、イライラが募って虐待に及ぶことにもなります。2014年、川崎の有料老人ホームで3人の高齢入所者が亡くなりました。23歳の男性従業員が、３人の入所者をベランダから投げ落として殺害したのです。殺害事件は稀だとしても問題の潜在性は否定できません。

２０２０年６月、神奈川県の介護施設で19歳の職員が97歳の女性入所者を殴って肋骨８本を折り、全治３か月以上の重傷を負わせるという事件が起きました。骨折のような例は珍しくなく、現場職員の虐待は日常的に起きているのが現状です。

２０２０年8月発売の週刊朝日に衝撃的な記事が掲載されました。認知症患者を専門に介護するグループホームでの虐待が内部告発されました。内部告発したのは同グループホームの職員です。施設の責任者に複数回にわたり報告しても、内部調査もされず改善策が講じられることもなく問題が放置されたのです。

余りのひどさに現場での虐待の状況を録音して、グループホームを監督する立場にある江戸川区に通報しました。しかし、行政が厳しく対応することはないようです。「行政としては虐待を公表せず、改善要求だけで済ませたいのが本音でしょう。もし施設が潰れたら、利用者の退避先である次の施設を行政が探さなければならず大変、国も介護人材が不足している手前、施設側に厳しく出来ないのです」（淑徳大学結城教授）

２０１７年の介護施設の虐待件数は６２１件、相談件数は１８９８件でした。報告件数は氷山の一角で、実際には、10倍から100倍もの虐待があると指摘する専門家もいます。虐待の内容は、身体的虐待、介護のネグレクト、心理的虐待、性的虐待、経済的虐待があるそうです。虐待の対象は、認知症のある高齢者が最も多く84・1%です。厚労省の報告では、施設の人手不足、職員の教育不足が主たる原因だと指摘しています。

擁護者（家族、親族、同居人）などによる虐待も深刻です。2017年の虐待件数は1万7078件、虐待相談件数は3万40件、虐待の対象はやはり認知症のある高齢者が一番多く78・6%だったそうです。これら虐待問題は年々増加しているのです。虐待者で最も多かったのが息子の40・5%、次に夫の21・5%、続いて娘の17%でした。これら、厚労省の統計数字は氷山の一角だとの指摘もあります。

長年暮らした住まいで、家族に看取られながら最期を迎えるという最も理想的な形がこれでは何ともやり切れません。

平成に入ると介護施設の需要が急増し、厚生省・大蔵省・自治省の合意のもとで、1989年にはゴールドプラン、2000年には新ゴールドプランが成立し、政府は全国に新規の特別養護老人ホームを大幅に増やすことにしました。その中で、埼玉県では、厚生省のトップ岡光事務次官までもが暗躍し、特別養護老人ホーム設立に絡み特定業者に便宜を与えるなど衝撃的な収賄事件が起きました。

２０００年に介護保険制度が成立すると、介護は儲かるということになり、大都市周辺を中心に全国に介護付き有料老人ホームが一気に急増しました。介護事業がビジネスになったのです。今では、介護付き有料老人ホームは過当競争の時代になりました。

介護付き有料老人ホームばかりでなく、政府が推進した自立高齢者のサービス付き高齢者向け住宅（サ高住）も介護付き有料老人ホーム化して、過当競争に拍車をかけました。今では、これらの施設がM&Aで売買されてこの業界も混沌とした有様です。

そもそも、介護は、収益事業に馴染まないところがあるので問題が複雑です。

少ない資金でも特別養護老人ホーム（社会福祉法人）が開設できるというので、介護事業者が活発に動きだしていました。土地は借地で賄い、資金は国と自治体の補助金を利用し残りは政府系のWAMが長期低利貸し付けをしてくれます。7、8千万円の自己資金で100人以上収容規模の特別養護老人ホームが開設できるのです。実際には、4、5千万円の自己資金で建築会社からのキックバックを当てにしているという話も聞きました。正に、表あり裏ありの世界です。

2、30年前以降に設立された特別養護老人ホームは、未だに資金繰りが苦しく運営に問題がある施設が少なくありません。先ず、借地代は永久に支払わなくてはならず、WAMからの借り入れは30年間返済し続けなくてはなりません。資金繰りが苦しいので、地域の銀行からの借り入れも繰り返しています。経営が苦しければ、優秀な人材確保にも支障をきたします。それどころか、優秀な介護職員が辞めていきます。

私は、6年ほど前に、社会福祉法人による特別養護老人ホームを設立するため、さいたま市に申請手続きをしていました。市内に格好の土地があり、地主の承諾も得て順調な滑り出しでした。私は、社会貢献事業に燃えていました。

実績のあるコンサルタントが業務代行をしたのですが、申請に初歩的なミスがあり申請を取り下げざるを得ないことになりました。政令市さいたま市に埼玉県の申請様式を使っていたのです。私には、介護施設の運営経験がありませんでした。この世界では全くの素人です。経験もなく気持ちだけが先行していました。結局、特別養護老人ホームの経営を断念することになりました。

我々シニアが、配偶者を亡くして要介護3になった時、どのような介護を受けるのが良いか？　外部の在宅介護を利用しながら家族の介護を受けるというのが理想ですが、家庭の事情もあるので皆が皆そういう訳にはいきません。ましてや、今の日本では、家族の介護にも虐待が多発しているのが現実です。

アメリカでは、個人が看護師を雇い、自宅で介護生活を送るというケースが増えているそうです。これなら、介護サービスの質も確保できて安心です。理由は、施設介護がビジネス化していて納得できる介護サービスが受けられないからです。費用は、月に50万~70万円ほどだそうです。我々庶民には負担が大きすぎます。

安定した介護サービスを提供している施設もあります。設立して40年以上の実績を持つ社会福祉法人の特別養護老人ホームです。昔は、資産に余裕がある地域の名士が土地とお金を寄付して特別養護老人ホームを開設しました。そして、何十年も運営していると基本財産（内部留保）が蓄積されて経営にゆとりができます。そのような施設には、介護従業員不足の問題もなく安定したサービスを提供する施設が多いのです。

結局、質の良い特別養護老人ホームを探すことになります。早い時期から情報を集め、時間があったら見学を申し込んで実際の運営状況を見てみます。今は新型コロナ禍で見学はできないと思いますが、平常時には、見学を断る施設はないと思います。

私は、新型コロナ禍が終息したら何か所かの特別養護老人ホームを選定して見学に出かけたいと思っています。地域のシニアを募って、特別養護老人ホーム見学会をやってみたいのです。そのような活動を通して、自立生活や介護や終の棲家の問題を地域の皆さんとともに話し合いたいと思っています。

グラットンは、将来の100年ライフでは多世代同居が進むといいました。前にも述べましたが、テレワークの長寿時代では、生活防衛の上からも多世代同居（または近居）が有利な生活様式になります。そうなれば、家族間の役割分担と相互支援もしやすくなり、外部の在宅介護サービスを利用しながら家族による在宅介護が一般的になるかも知れません。多世代同居（近居）による介護は、相互協力と相互監視によって虐待が起きにくいという利点があります。家族介護が一般的になれば介護施設の人手不足も解消されて介護業界が良い意味で激変する可能性があります。

終の棲家も、近い将来には多くの選択肢が得られる時代になるかも知れません。

しかし、私たちシニアに最も大切なのは、最後まで健康長寿と自立生活を貫いて介護施設にお世話にならないように普段の養生を怠らないことです。

もし連れ合いに先立たれたら

私の家内は、若いころ、心嚢（心臓を包む嚢状の膜、心膜とも）に液体が大量に溜まるという奇病に罹りました。心膜穿刺（溜った液体を針を刺して採取すること）で心嚢液を抜く措置をしましたが、心嚢液が高張粘液だったため穿刺針ではほとんど抜くことができませんでした。東大病院の何人かの専門医師に診ていただきましたが、原因は不明で経過観察をすることになりました。悪くすると、溜まった粘液が経過とともに固くなり心筋の収縮ができなくなって死に至ると考えられたのです。

私は、もし家内が亡くなったらと思うと不安でなりません。未だ、2人の子供も幼かったのです。その一方で、大丈夫！　必ずよくなるという楽観もありました。外見上は、病人らしいところがなく元気だったからです。

家内が50歳を過ぎたころ、その大量の粘液は固まって弾力のあるゼリー状の物質になり、心筋の収縮には差し当たって大きな支障がないことが解かりました。それでも、心臓に一定の負担がかかるのは明らかです。長い間の大きな不安は解消されましたが、全ての不安が解消されたわけではありません。そんなことがあって、若いころから、いつか家内が私より早く逝くかも知れないと考えるようになっていました。

シニア夫婦の場合、今、夫婦ともに健在の方で、連れ合いが亡くなったときのことを想像したことがある人はどの位いるでしょうか？　どちらかが、病気で入院になったら急にそのような不安が生じることになりますが、そうでもない限り、たいていの人は、今の幸せが永遠に続くと思っているのではないでしょうか？

もし連れ合いが亡くなったときは、男性に与えるショックは測り知れないものがあります。実際には、男性が先に亡くなって女性が残ることの方が圧倒的に多いのですが、中には、不運にも男性が残されることがあります。

残された男性に与える影響は大きく、妻に先立たれた男性の平均余命が30％短くなったとの研究報告もあります。前にも述べましたが、シニアの日常生活は妻に寄りかかっている度合いが大きく、妻に先立たれると喪失感が倍増するのです。

話し相手がいなくなることも大きな喪失感の一つです。「今日は暑くなるね」とか「今日は寒いね」といった、何でもない会話に相槌をしたりされたりすることのない日常はとても寂しくて耐えられるものではありません。

このような高齢男性が、中高年女性（若い女性ではない）から結婚詐欺に遭ったり不運な男性は殺人に遭ったりして新聞テレビを騒がせたこともあります。女性よりも男性の方が寂しがり屋だということは昔からの通り相場です。

反対に、夫に先立たれた妻は、悲しみこそあれ平均余命には変化がなかったそうです。却って、自由時間が増えて活発に活動し元気になる場合が多いのです。ですから、俗に、女性は夫に先立たれると元気になるといいます。

経済的にはどうでしょうか？　妻が亡くなると、男性の年金は、扶養家族としての妻の加算がなくなりますが、支給総額にはそんなに大きくはひびきません。夫が亡くなると、女性の場合は遺族年金になって、生存時の夫の厚生年金×75％＋妻の基礎年金（国民年金）となり、妻の基礎年金が夫の基礎年金よりかなり少ない場合が多いので、夫が生存中の年金総支給月額×75％より下回ります。妻が厚生年金本人の場合は、遺族年金と本人の厚生年金受給額を比較して多い方を選択します。

日本の厚生年金受給額の平均月額は、平成29年3月時点で、14・5万円で思ったより少ないことが解かります。厚労省のモデル厚生年金月額22万円クラスの受給者は、全体の15％～16％くらいだとの指摘があります。ほとんどの年金受給者は14万円前後だということになります。

不運にも、妻に先立たれた寡夫は、頼れる人を失くして大きな喪失感に襲われ、夫に先立たれた寡婦は、悲しみとともに経済的に大きな喪失を被ることになります。どちらが亡くなっても悲劇は容赦なく襲いかかるのです。そこで、寡婦・寡夫になったらお勧めしたいのが自立共同生活です。

自立共同生活のすすめと私のシニアハウス計画の顛末

東京都北区にSさんご夫婦がいました。ある日、奥さんが突然倒れて入院をし、体に障害が残りました。Sさんは、奥さんが退院したら奥さんと一緒に面倒を見てもらいたいといって、家屋敷を1億円近い価格で売却して介護付き高級有料老人ホームに入所してしまいました。ご本人は、お元気で介護を必要としない健常者です。

お子さん家族は、離れて住んでいるので男手一つで奥さんの面倒を見るのは大変だというのが理由です。Sさんは、事前に、身に降りかかる事態に対応したのです。

入居費が、1人1千数百万円もするという介護付き高級有料老人ホームの生活は、何でも周りの人がやってくれるので快適だと満足していたそうです。しかし、そんな生活を続けていると、ＡＤＬ（Activities Of Daily Living 日常生活に必要な活動能力）の低下を起こしかねません。却って、余命を短くすることにもなります。

Ｓさんには、もっと賢明な選択肢があったはずです。介護の必要な奥さんだけが介護付き有料老人ホームのお世話になり、ご自身は、ご自宅に住むというのが一般的です。そうすれば、いつでも奥さんに会いに行けるのです。

Ｓさんは、男手一つの生活が不安だったのかも知れません。少し早めに、ご自身も施設のお世話になった方が後顧の憂いがないと判断したのだと思います。

シニアには、召使を抱えるような生活は却って健康長寿の妨げになります。自分が召使になったつもりで、何でも自分でやった方が健康のためになるのです。そういう意味で、介護施設に入所しないで最後まで自力で生活することが理想です。

一方で、以前から、定年退職した自立高齢者が、賃貸住宅のオーナーから入居を拒否されるという事態が起きていました。これを受けて、政府が自立高齢者向けの高齢者専用住宅制度を打ち出しましたが、これが二転三転して、平成23年（２０１１年）、サービス付き高齢者向け住宅制度（サ高住）が定着しました。

ところが、首都圏など人口密度の高い地域の（サ高住）の月額入居費は、16～20万円と高くて大部分の単身年金生活者には入居が困難だということになりました。更に、都市周辺の（サ高住）は、いつの間にか介護付き有料老人ホーム化して、本来の政策目的が介護事業者によってなし崩しにされているのです。

定年退職後の自立高齢者、しかも、年金受給額が月額14～15万円程度の自立高齢者が、サ高住への入居が当てにならないとなると、古い低価格賃貸アパートを探すしかありません。住環境が良いとはいえない低価格賃貸アパートに住むことが、果たして人生の最終章をかざる生活といえるでしょうか？

自宅を所有していないシニアには住宅費は生活を圧迫します。生活費に占める住宅費比率は40％以上にもなると考えられています。厚労省の資料では、日本の高齢単身生計者の賃貸住宅生活者は34％にものぼるとされています。

今、連れ合いがなくなり子供も独立して、長年住んでいる家に1人住まいをしているシニアが多くなりました。その1人住まいの家をリフォームして、3人、4人のシェアハウスとして共同で生活するケースが増えているそうです。

シニアにとって、お話し相手がいる生活は、孤独を解消しお互いの健康状態の確認もできます。オーナーにとっては僅かでも収入になりますし、同居するものにとっては安価な家賃で暮らせるというメリットが得られます。今後、ますます増えると思われる高齢者を狙う特殊詐欺にもチームワークで対応できます。１人暮らしに比べて明らかにメリットがあります。

私は、以前から、単身シニアには共同自立生活が望ましいと考えていました。できれば、半分は自由な生活ができて半分は共同生活をするというのが理想です。

我が国の年金受給平均額は、月額14・５万円前後なのでこの年金レベルで入居可能な「健康的でやりがいとやすらぎのある生活」をコンセプトにシニアハウス建設の検討に入りました。先ずは、街中の便利のよい立地を選ぶこと、できれば、近くにレストランも喫茶店もスーパーマーケットもあって、病院にも近い立地が理想です。

そして、お互いに見守りができること、家庭菜園を活用して生活費が節約できること、刺激し合って健康長寿を目指せること、地域の皆さんとの交流の場を作ってコミュニティー活動をすること、要介護２になってもお互いに支え合えること、万が一、要介護３になったら安心できる特別養護老人ホームに入居できるルートを確保しておくこと、できれば天寿を全うして仲間で見取りができること、人生の最終章でこんな生活ができるシニアハウス建設を目指すことにしました。

条件に合う物件を見付けて、令和元年7月、東浦和にシニアハウス「友愛館」を建設しました。結果は、見事に失敗でした。募集活動をしましたが、ほとんどの方は、年老いた親を住まわせたいというお話で介護希望の方ばかりです。

私の事前の市場調査が不足していました。私の考えでは、この13万人を超す人口のさいたま市緑区にはかなりの数の単身生計シニアがいるので、募集広告を出せばいくらでも希望者は集まると思っていたのです。

いろいろと検討した結果、高齢者住宅に興味があるという不動産屋さんとタイアップすることにしました。更に、使い勝手が良いように、共用スペースをゆったりと確保するべくリフォームして、また募集活動することになりました。やり出したからには、最後まで諦めずモデルケースになるようなシニアハウスにしたいと思っています。

あとがき

人は、最後に「いい人生だった」と思えることが最高の人生だといいます。しかも、「こんなにも長生きできて楽しかった」と思えたら極上の人生です。「最後良ければすべて良し」ともいいます。人生をこのように思える人は、そう思えるに相応しい勤勉と努力を発揮して人生を生きた人たちです。

勤勉と努力という言葉には、何故か、安心できる響きがあります。一日が終わったとき、「今日は頑張ったな」という思いが積み重なって心の安定を得るからです。

人は、生まれてから死ぬまで勤勉と努力を休むことなく発揮しているわけではありません。時には、怠けたり休んだりすることもあります。しかし、大事なとき、ここぞというときには勤勉と努力を発揮するのです。

何人も、この世に生を受けたからには、「いい人生だった」と思える人生にしたいと望んでいます。欲の深い人もそうでない人もいますから、ここまでやればいい人生という線引きはありません。その人その人の思いでいいのです。

篠田桃紅さんは、「このくらいが自分の人生にちょうど良かったと満足できる人が幸せ」といいました。そのように思えることが大切です。私は、人並みがちょうどいいと思っています。人並みに絶対値があるわけではないので自分がそう思えればいいのです。物事は考え方だと思うことが大切です。

私は、子供のころ、父から「のぼるは晩年運だ」という言葉を聞いて育ちました。巳年生まれの五黄土星の星なので父親が高島暦を見てそのようにいったのです。

私が就職した会社の社長が「五黄土星は晩年運の生まれ年だ」とお話ししてくれたことがあります。社長も、五黄土星の生まれで、晩年によい人生を過ごしました。長男の二代目社長も私と同じ年の生まれで五黄土星の星です。

人生は晩年にこそ意味があります。子供のころにいくら「お坊ちゃま」で恵まれて育っても、晩年に不幸が重なったり重い病気になったり、ましてや早死にしたら幸せな人生とはいえません。貝原益軒先生は「長生きすれば、楽しみ多く益が多い」と述べています。健康長寿が一番の幸せということです。

私は、健康長寿時代の中で、早すぎる定年退職を迎えてしまった現代のシニアたちに元気になってもらいたいと思いこのエッセイを書き上げました。ただのエールではなく、生活に基づいた知恵についても述べたつもりです。シニアの皆さんがこの書を参考にして、その人その人に工夫したシニアライフを過ごしてくれたらと思います。

私は、病気は多いのですが、それ以上に養生と鍛錬をしているのでまだ15年以上は前向きに生きるつもりでいます。その間に、もっとシニアを元気にするエッセイを書きたいとも思っています。テーマは、「晩年の人生」です。

アメリカでは、ゴールデンエイジは老年期のことをいうのだと聞いて、ますますその思いを強くしました。みんなが、そのように認識すれば人生にかける想いが違ってくるのではないでしょうか？「人生は晩年にあり！」です。

山口　昇（やまぐち のぼる）

1941年愛知県に生まれる。高校3年の秋、伊勢湾台風の被害に遭い進学をあきらめ名古屋市役所に就職するも、その翌年、勉学を志し愛知大学経済学部に入学する。
卒業後、製薬会社勤務を経て51歳春、東京都北区にて薬局事業を起業、76歳で薬局事業を引退、青春の心を持って晩年を生きる素晴らしさを実感する。

人生100年時代　あなたの晩年をゴールデンエイジに

2021年3月22日　第1刷発行
2021年4月14日　第2刷
2022年5月30日　第3刷

著　者　山口　昇
発行人　大杉　剛
発行所　株式会社 風詠社
〒553-0001　大阪市福島区海老江5-2-2
大拓ビル5-7階
TEL 06（6136）8657　https://fueisha.com/
発売元　株式会社 星雲社
（共同出版社・流通責任出版社）
〒112-0005　東京都文京区水道1-3-30
TEL 03（3868）3275
印刷・製本　シナノ印刷株式会社

ISBN978-4-434-28751-0 C0036